Fleurs à l'aquarelle

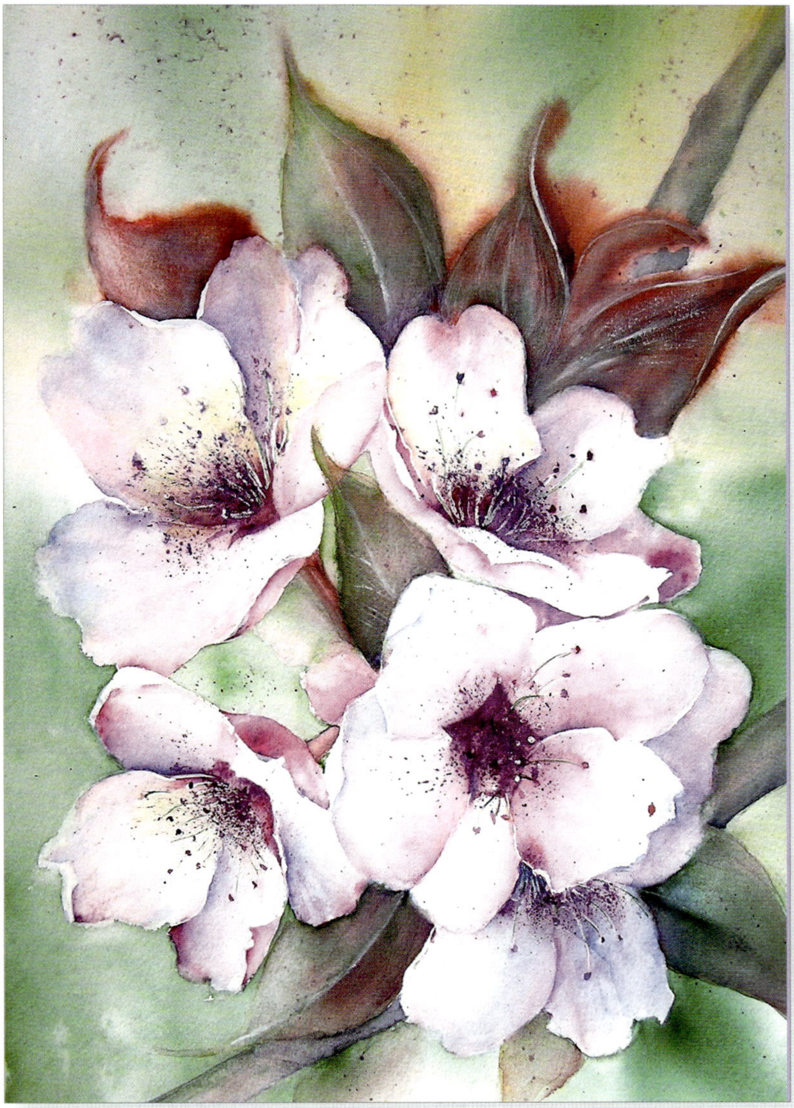

EDITIONS ESI

60, rue Vitruve, 75020 Paris

Droits réservés, ©Atelier TF, œuvre collective sous la direction de l'Atelier TF ;
ont collaboré à ce magazine : L. Guillaume, L. Thomas, S. Rainaud, P. Levoin, P. Rousseau, T. de Marichalar
Imprimé en France par Imprimerie Pollina à Luçon - n° L21965.
© Editions ESI - Dépôt légal : mai 2009 - Achevé d'imprimer : mai 2009 - ISBN : 978-2-35355-233-7 - N° Sofedis : S419595

10
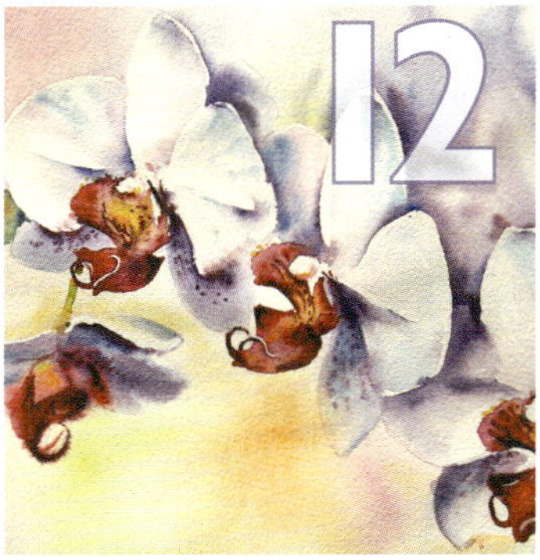
12

14
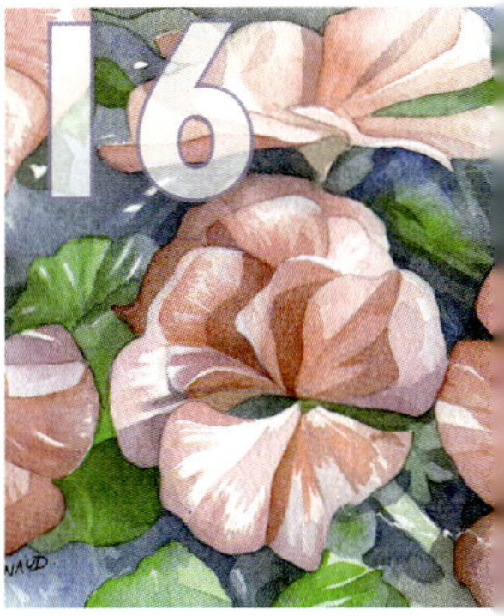
16

26
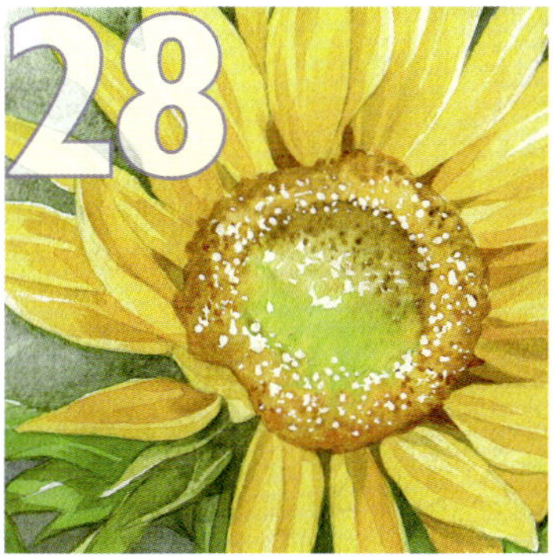
28
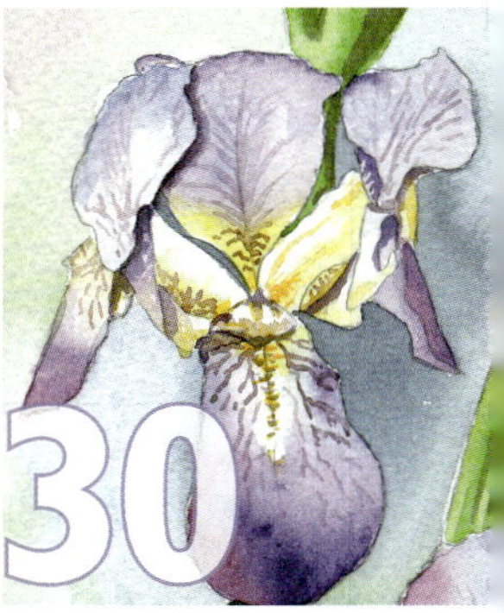
30
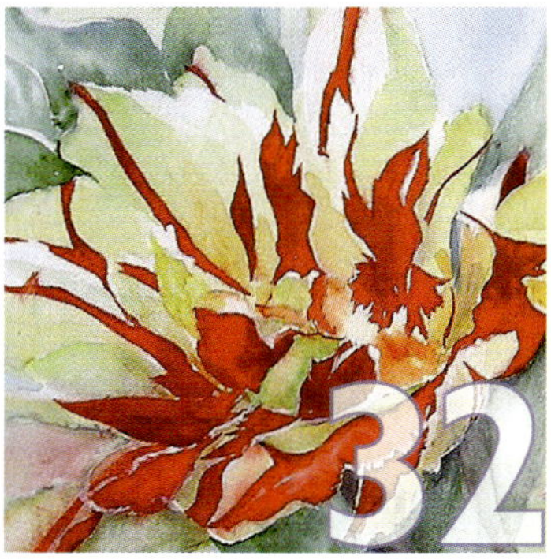
32

3
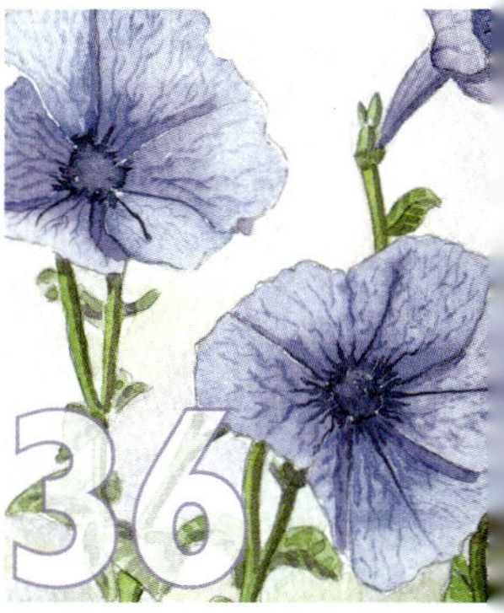
36

sommaire

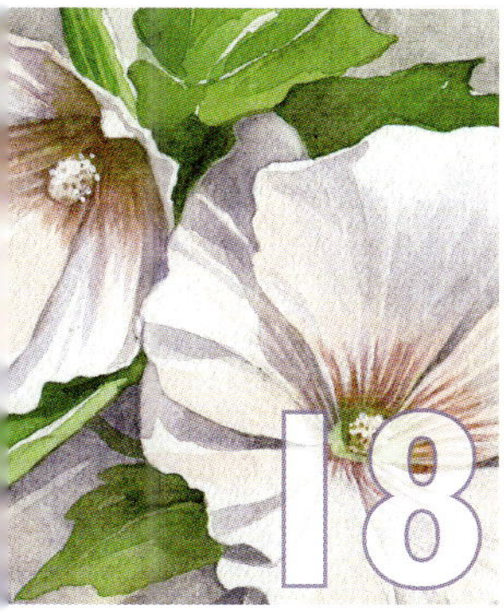

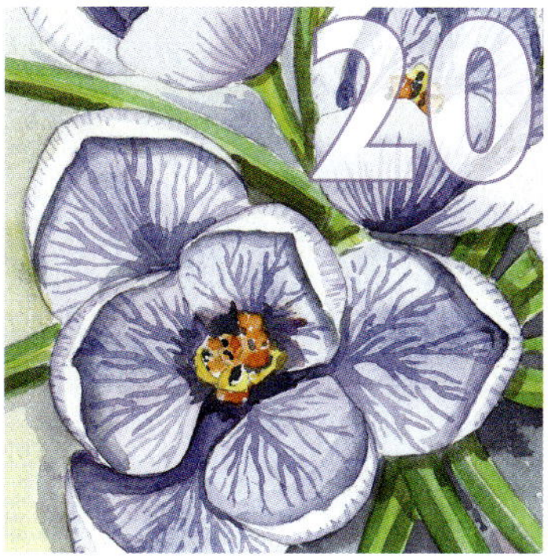

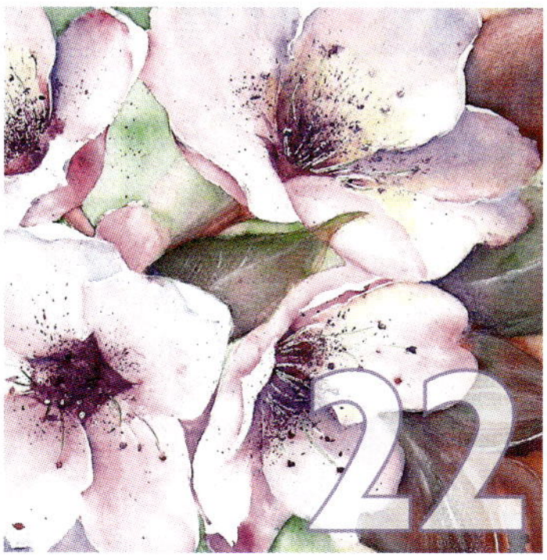

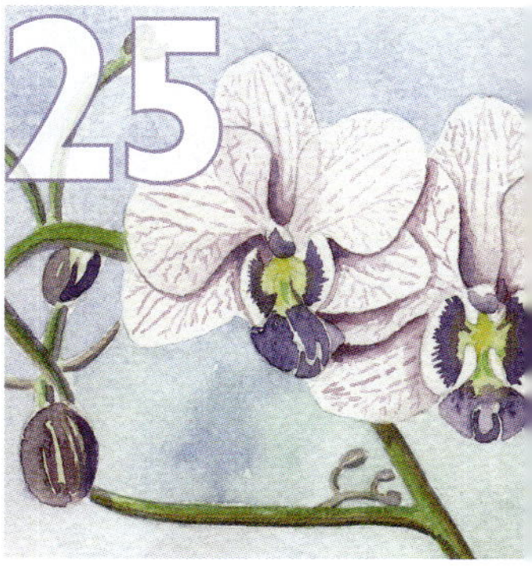

Portraits de fleurs à l'aquarelle

Les aquarelles, en pas à pas

Report des motifs : mode d'emploi

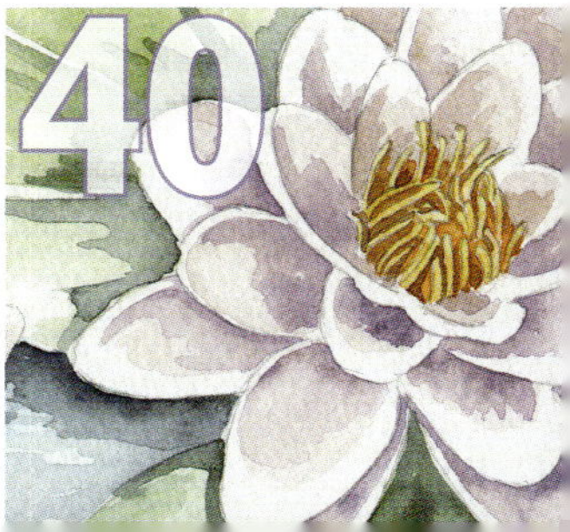

Comment réussir
le dessin d'une fleur ?

Avant de peindre une fleur, il convient de l'observer attentivement afin de l'appréhender avec un œil analytique, un esprit de recherche : c'est-à-dire recenser les formes, les rythmes et les jeux de lumière qui la caractérisent.

Composer un tableau harmonieux

Une composition harmonieuse doit jouer sur des formes géométriques intéressantes qui s'équilibrent entre elles, se complètent et se répondent. Pour ce faire, schématiser les fleurs à peindre en les incluant mentalement dans un cadre géométrique puis faire jouer les formes. On peut distinguer trois types de compositions florales : la composition symétrique, la plus classique, où le sujet occupe le centre de la feuille ; la composition asymétrique, qui rompt justement la symétrie en la compensant par un équilibre visuel plus subtil ; et enfin la composition dont le sujet occupe toute la surface du tableau, ne laissant pas la place à un fond.

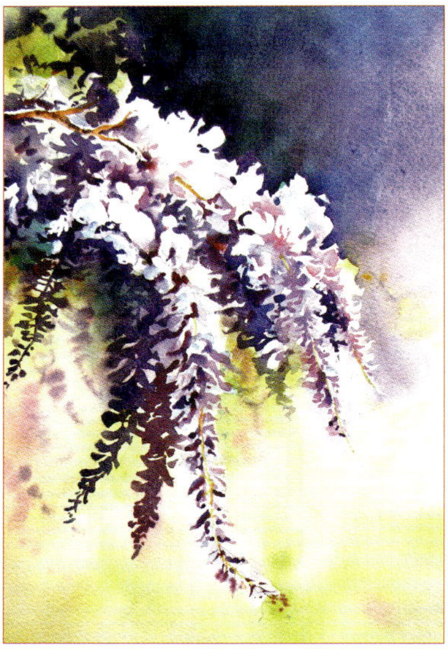

L'asymétrie est ici compensée par une belle harmonie et répartition des couleurs, qui unifient et équilibrent le fond et le sujet.

Ici, outre un bon usage de la perspective géométrique avec une fleur représentée de face, une seconde de profil et une troisième de trois quarts, l'effet de profondeur du tableau est renforcé par l'emploi d'une perspective aérienne avec un arrière-plan traité en nuances claires et peu contrastées.

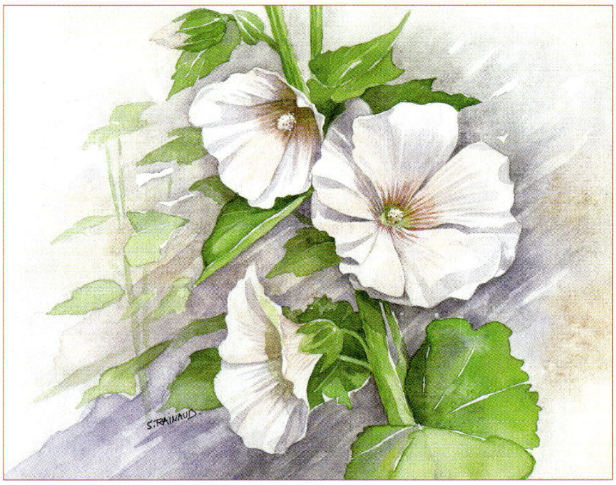

Respecter les lois de la perspective

Les lois de la perspective permettent de rendre les volumes et les rapports d'éloignement des objets sur la surface du papier, et les fleurs n'échappent pas à ces lois. Avant de commencer à peindre son motif, il convient de l'observer attentivement et d'en comprendre les divers tracés, formes et ombres représentés ainsi que la direction et la distance des fleurs entre elles. Il vous sera plus aisé, grâce à cette appréhension précise de la perspective, de croquer avec vie vos fleurs et d'éviter que vos aquarelles ne ressemblent à des icônes folkloriques ou des tableaux naïfs.

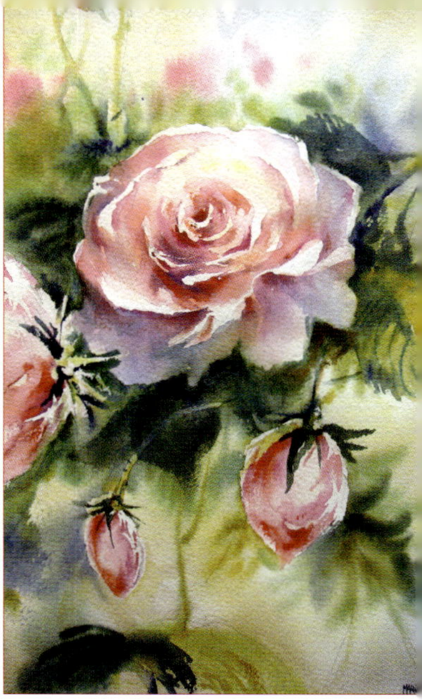

Couleurs et jeux d'ombre et de lumière

La plupart du temps, les fleurs sont si éclatantes qu'elles exigent des couleurs pures, dotées d'un pouvoir couvrant très puissant. Éviter les mélanges sur palette et leur préférer plutôt des superpositions de lavis ou des teintes se fondant entre elles sur le papier. Pour qu'un portrait ne revête pas un aspect doucereux, peu énergique, ne pas hésiter à employer des couleurs pures et intenses. Si la fleur a des tons délicats, la placer de préférence sur un fond sombre « brut », qui mettra en valeur sa fragilité.

Accorder en outre un soin tout particulier à la préparation des verts : vert de vessie, vert olive mêlé ou non à de la terre d'ombre ou à du jaune de cadmium ou du gris de Payne… Ils fournissent une infinité de nuances fraîches et reposantes qui n'ont pas leur pareil pour séparer et compléter toutes les autres couleurs éclatantes des fleurs.

Textures, taches et stries

Corolles, tiges et feuilles sont recouvertes, selon leur texture rugueuse, lisse ou satinée, de reflets et d'ombres. Pour les figurer en relief, il faut que leurs reflets soient clairs et nets et que leurs ombres soient justes. Certaines plantes sont mates ; elles comportent alors peu de reflets mais toujours des ombres. D'autres sont duveteuses, les travailler en pointillé avec un pinceau fin après un premier lavis.
Pour peindre les taches et les stries, apprendre à contrôler son pinceau : pour cela il suffit d'une main bien stable, d'un pinceau fin et d'un peu de patience pour atteindre la perfection. On peut aussi :

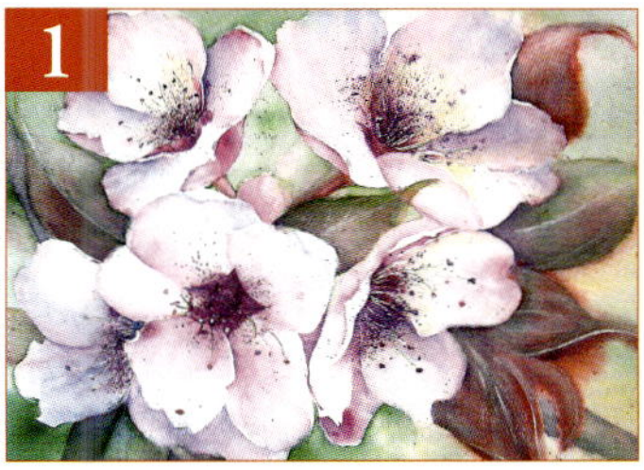

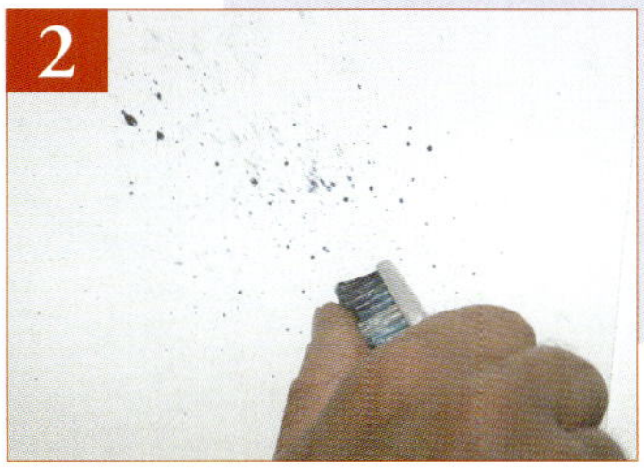

A) Projeter de la couleur à l'aide d'une brosse à poils durs ou d'une brosse à dents.

B) Réserver des points de papier vierge à l'aide d'un liquide de masquage, pour obtenir un effet granuleux.

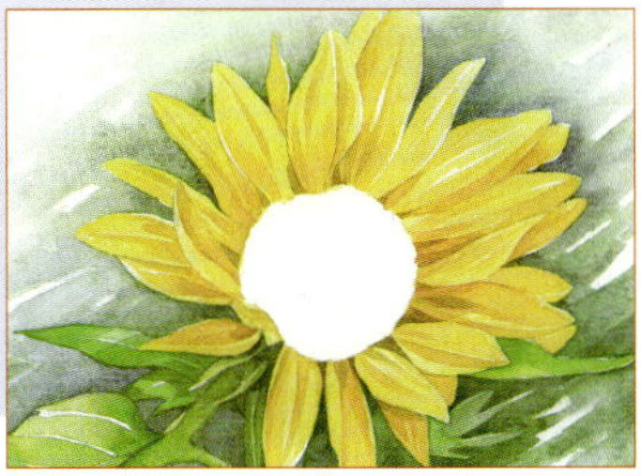

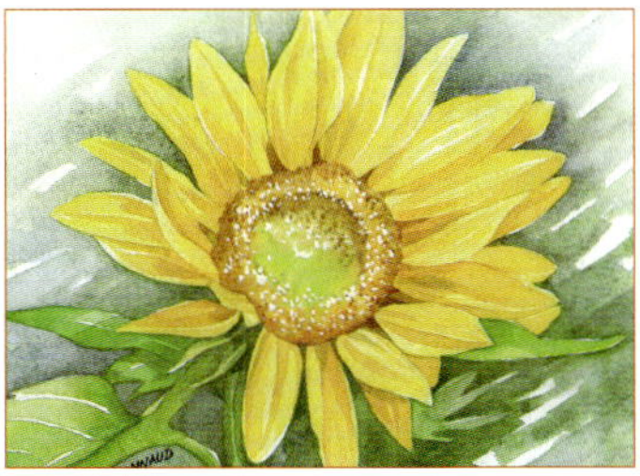

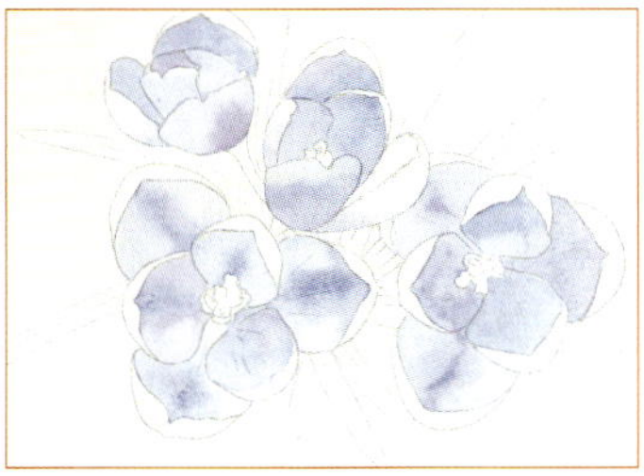

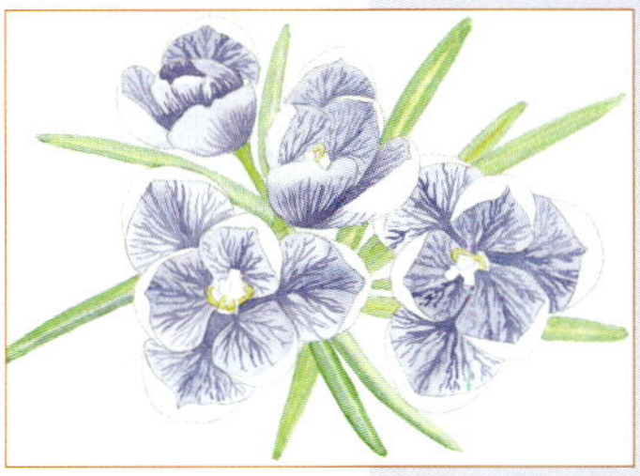

C) Obtenir les stries et nervures en marquant préalablement les surfaces concernées à l'aide d'une pointe sèche (cure-dents) puis en coulant la couleur dans les créneaux ainsi créés.

Quelles techniques employer ?

Chaque fleur est unique, différente par sa taille, ses couleurs, sa forme et son développement. On peut la figurer avec les couleurs éclatantes qu'elle a naturellement ou simplement suggérer celles-ci avec des nuances plus pâles, la fondre dans un fond en lavis ou en faire un portrait exact. En fonction de l'esprit dans lequel on veut la peindre, on utilisera la technique la mieux adaptée à cette interprétation.

Superposition de lavis

Pour représenter des corolles et des feuilles le plus nettement possible, on peut avoir recours à la superposition de lavis, en respectant un temps de séchage entre chaque couche. On commence par les teintes les plus claires puis on pose les plus foncées. Les ombres portées sont alors figurées par des voiles gris transparents appliqués sur papier sec.

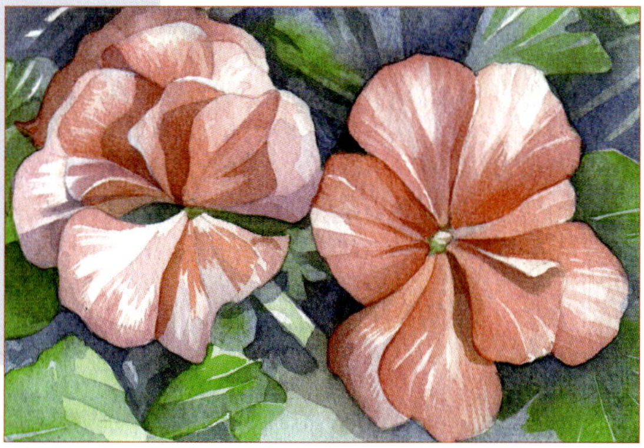

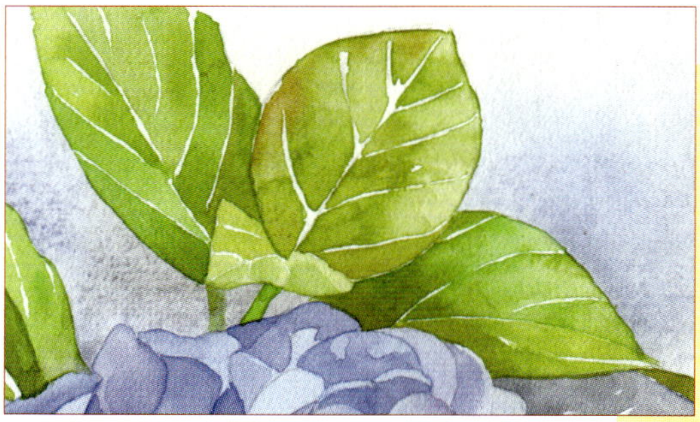

Papier humidifié localement

On peut teinter une feuille ou un pétale en une fois en coulant plusieurs couleurs sur le papier humide. La coloration sera précise si la forme a été humidifiée au pinceau fin en respectant bien les contours ; les pigments appliqués à cet endroit se diffusent par capillarité jusqu'aux limites du papier mouillé. Se forment alors en périphérie des contours nets.

La question du fond

Pour mettre en valeur un portrait tout en finesse, l'application de couleurs de fond, mouillé sur mouillé, peut s'avérer utile. En effet cela produit un fond indistinct, comparable à une photo floue, qui sert de repoussoir aux feuilles et à la fleur du premier plan, traitées en détail et en finitions léchées.

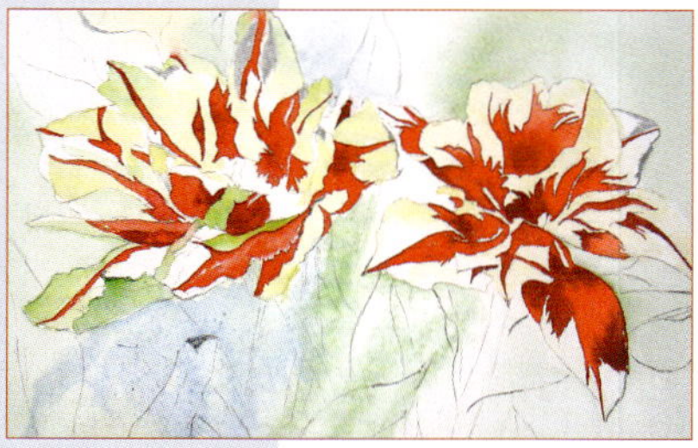

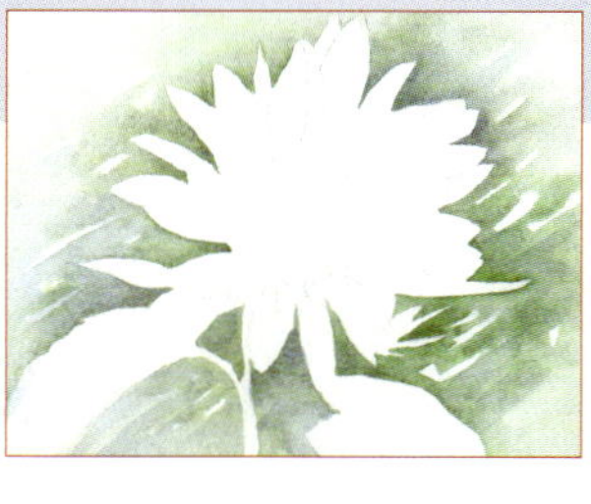

Pour peindre des fleurs à l'aquarelle (surtout si elles sont blanches ou de couleur claire), mieux vaut les préparer en négatif, en commençant par le fond. Cela permet de mieux préjuger des valeurs à mettre en place et des harmonies de couleur.

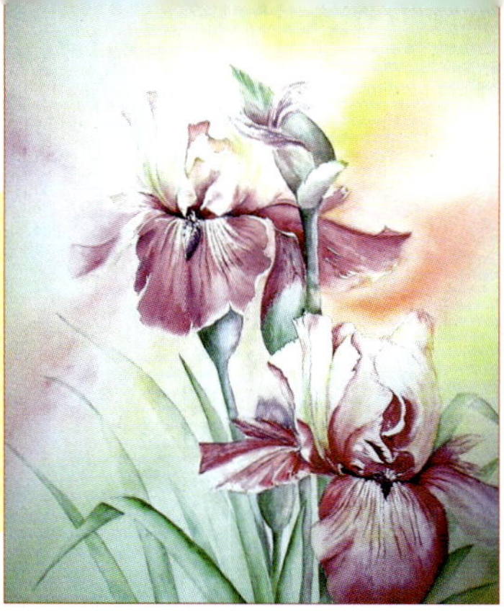

Technique mouillé sur mouillé

Le fond et le sujet peuvent être traités en couleurs fondues : les pigments successifs sont alors posés sans attendre que les précédents soient secs. L'eau est utilisée dans la dilution des couleurs, mais aussi vaporisée pour faire voyager les pigments à la surface du papier.

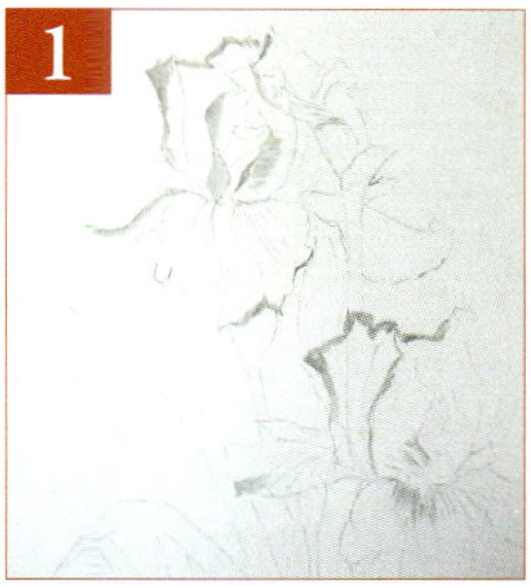

1 Réserver au drawing-gum les parties devant rester blanches.

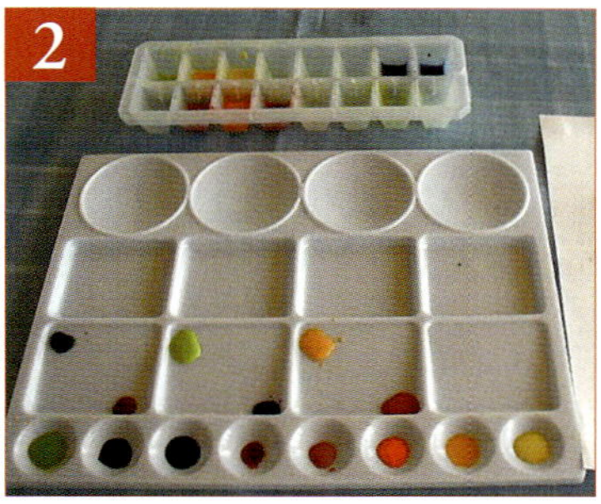

2 Préparer les couleurs, en quantités suffisantes.

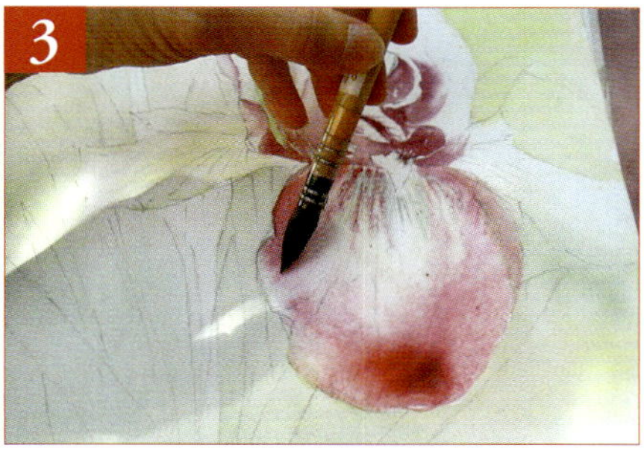

3 Mouiller abondamment le papier et y couler les couleurs.

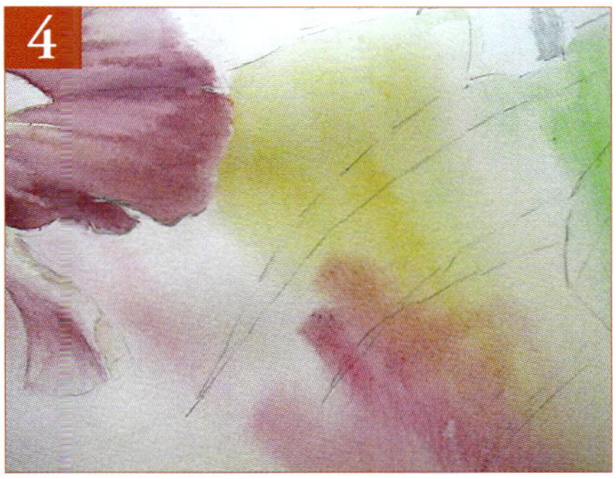

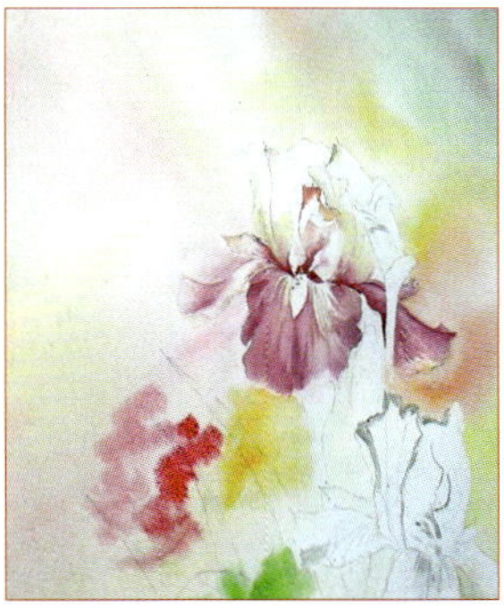

4 Pour le fond, vaporiser de l'eau afin de faire voyager les pigments et d'obtenir de jolis effets chromatiques.

LE CAS DES FLEURS BLANCHES

La principale difficulté, c'est le blanc sur blanc, qui est en fait un faux problème car la fleur blanche n'est jamais complètement blanche. Un jeu subtil d'ombre et de lumière la modèle et distingue chacun de ses éléments. Il est nécessaire de bien observer ses ombres pour la peindre. En outre, les fleurs blanches sont comme des miroirs qui réfléchissent beaucoup d'autres teintes.

Pour peindre une fleur blanche, commencer donc par marquer très légèrement les formes des pétales avec quelques touches d'un gris pâle, puis construire la fleur progressivement au fur et à mesure que l'on introduit ses ombres. La teinte des ombres varie d'une fleur à l'autre, d'un contexte à l'autre : gris bleuté ou teinté de terre d'ombre, de jaune ou de violet.

Développer les ombres progressivement par couches superposées jusqu'à ce qu'elles aient l'intensité nécessaire pour définir suffisamment les formes et les volumes de la corolle. En outre, le bord d'un pétale recourbé aura souvent un bord plus clair qui se détache de l'ombre créée.

La couleur de la fleur est donnée par le blanc du papier vierge, laissé entre les ombres. Protéger ces zones vierges de couleurs jusqu'à ce que le tableau soit terminé. Ne pas ajouter d'ombres inutiles au risque d'obtenir une fleur toute grise.

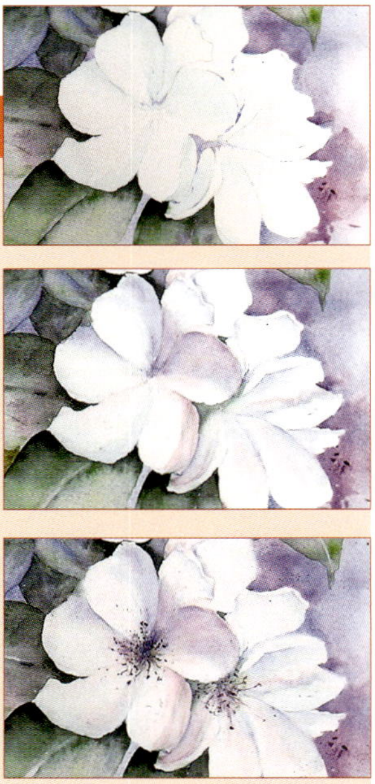

Exemple de fleurs de pommier aux ombres violacées.

Lis orange

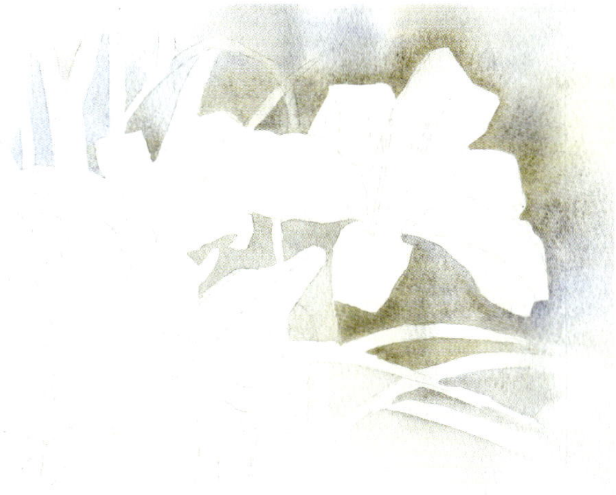

Étape 1

Adapter le motif fourni aux dimensions du papier aquarelle 300 g choisi, en en modifiant éventuellement la taille à la photocopieuse. Reporter ensuite le dessin et humidifier la zone autour du sujet en contournant bien les feuilles et les pétales. Poser, dans le frais, du bleu outremer lavé et un mélange détrempé d'ocre jaune et de noir. Avec un pinceau rond moyen, mouiller la zone des feuilles et les colorer en vert; laver les boutons et le cœur de fleur en jaune pâle transparent. Ombrer, entre les feuilles, avec un vert léger et une pointe de noir.

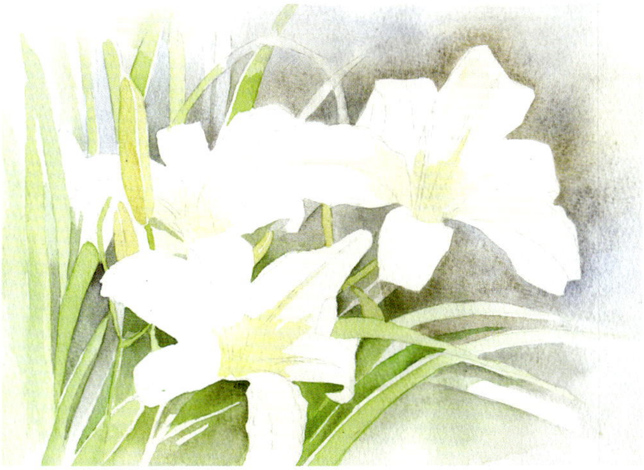

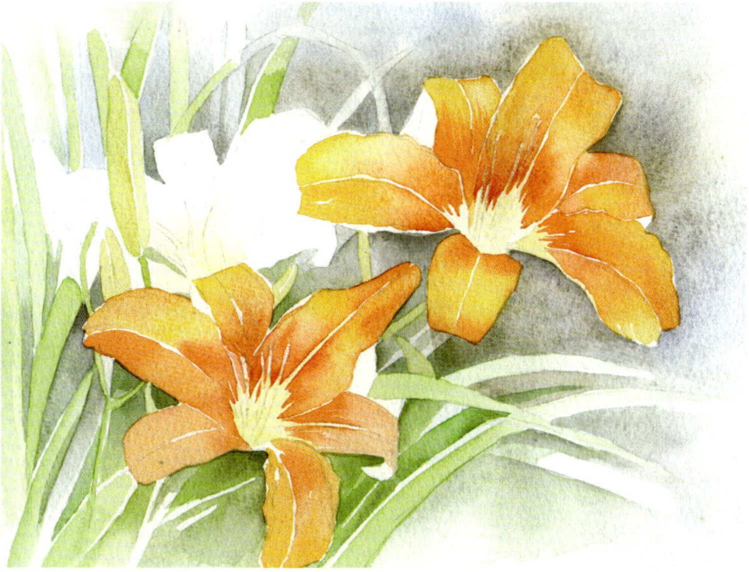

Étape 2

Appliquer du liquide de masquage sur le bout des étamines. Laisser sécher puis commencer le travail des corolles des deux fleurs de droite en posant, dans le frais, sur chaque moitié de pétale, du rouge vermillon nuancé de touches de jaune de cadmium pâle.

Couleurs utilisées

- Bleu outremer
- Violet outremer
- Noir
- Vert de vessie
- Rouge vermillon
- Jaune de cadmium pâle
- Magenta
- Ocre jaune
- Terre d'ombre brûlée

Étape 3

Laisser sécher ces premiers jus puis laver les pétales de la fleur du fond avec du rouge, du jaune et une pointe de magenta. Laisser sécher puis rehausser chaque corolle de longues touches rouges longitudinales, partant du cœur de la fleur, appliquées avec un pinceau fin sur papier sec.

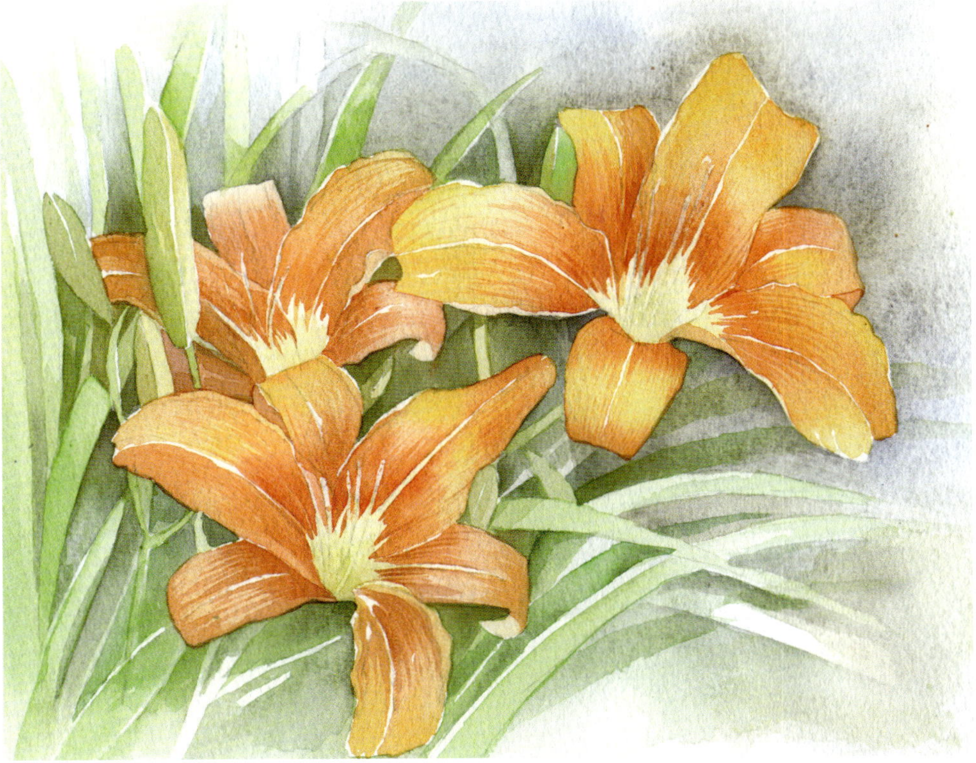

Étape 4

Après séchage complet des couleurs, retirer délicatement le drawing-gum des étamines. Les rehausser de terre d'ombre brûlée. Renforcer ensuite, pour équilibrer le tableau, le fond de la composition avec un lavis transparent de bleu outremer et violet outremer, appliqué sur papier sec, dans l'angle supérieur droit.

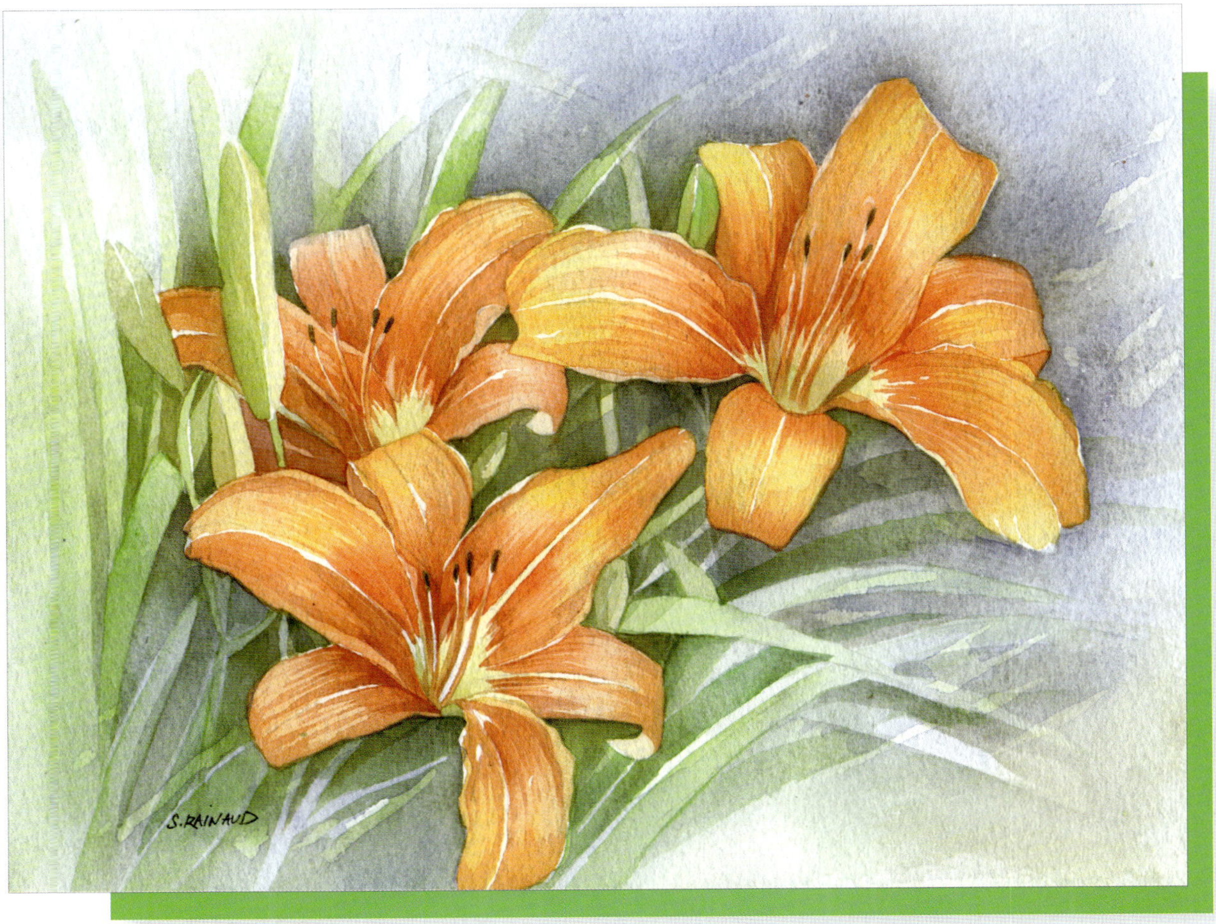

Belles orchidées

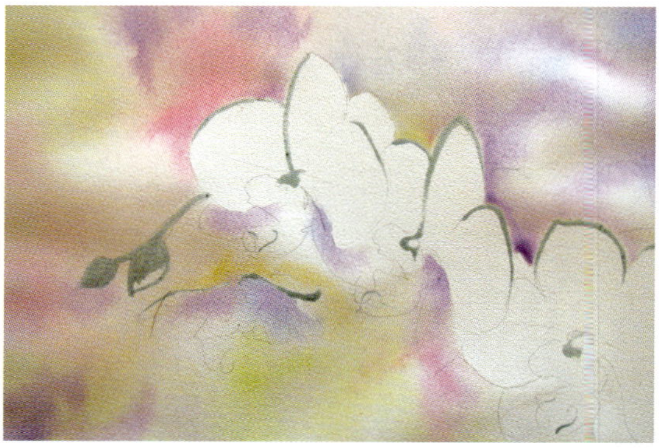

Étape 1

S'assurer que le motif fourni a les dimensions correspondant au papier aquarelle choisi, puis le transférer. Poser ensuite du drawing-gum sur les parties qui doivent rester blanches. Laisser sécher ; mouiller le fond et appliquer des jus jaune auréoline, rose et violet.

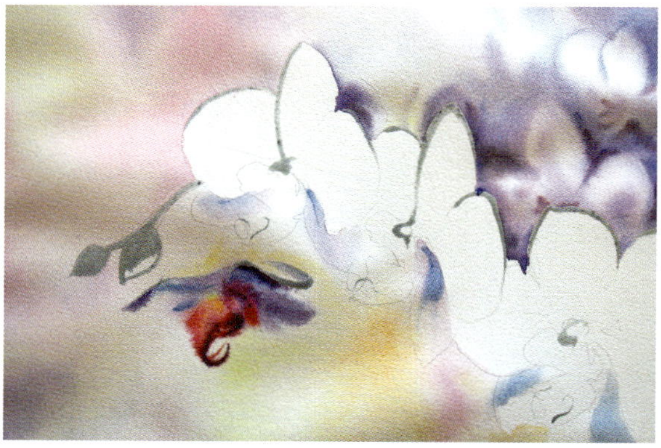

Étape 2

Dans l'humide, suggérer quelques fleurs dans la pénombre (céruléum, cobalt, violet) avec des couleurs plus saturées ou par retrait avec un pinceau humide. Peindre la fleur du bas avec des tons bleus et le cœur avec du magenta, auréoline, alizarine et outremer pour foncer. Sécher.

Étape 3

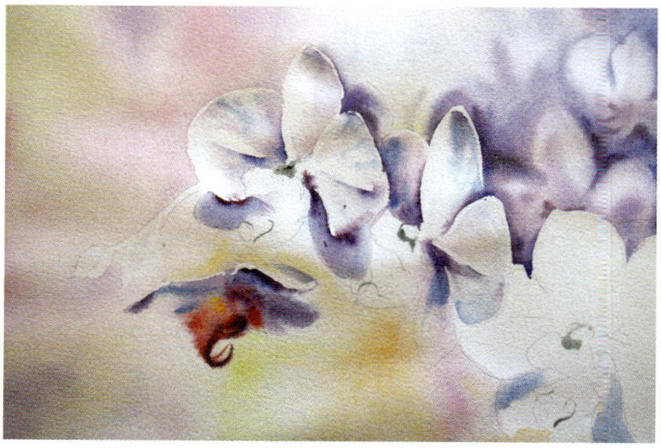

Retirer le drawing-gum, puis peindre les pétales avec des couleurs légères : bleu céruléum, magenta, cobalt + magenta, jaune auréoline pour l'éclairage. Tirer la couleur à l'eau claire en laissant des zones blanches sur le papier pour assurer l'éclairage.

Étape 4

Mouiller les cœurs des fleurs à l'eau claire et poser un jus de magenta, assez mouillé, car tout le travail des cœurs qui suit se fait dans l'humide.

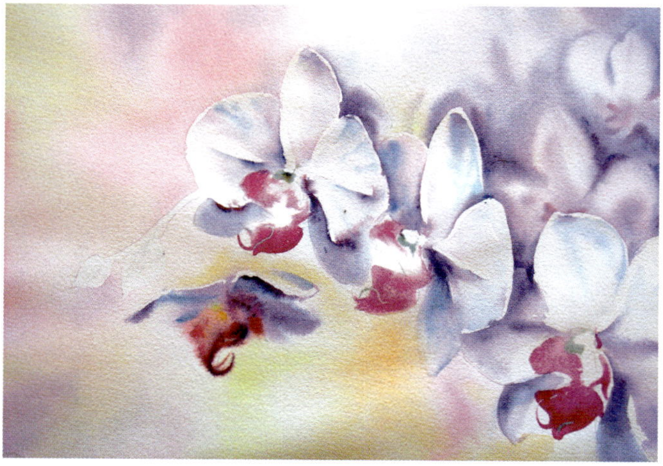

Couleurs utilisées

- ✦ Bleu outremer
- ✦ Bleu cobalt, bleu céruléum
- ✦ Violet Winsor
- ✦ Jaune auréoline
- ✦ Jaune indien
- ✦ Terre de Sienne naturelle
- ✦ Rose permanent
- ✦ Magenta, rouge
- ✦ Alizarine cramoisie

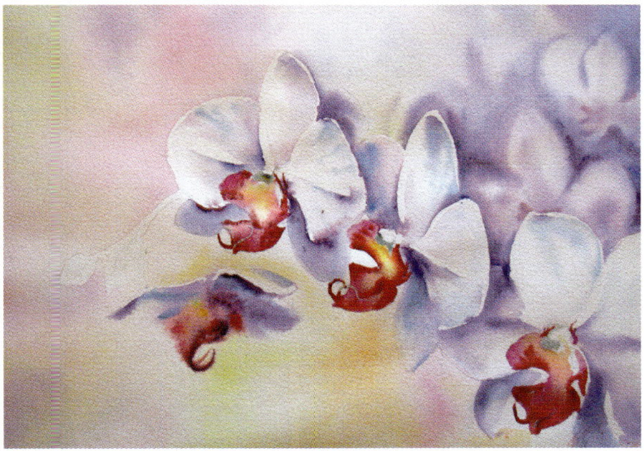

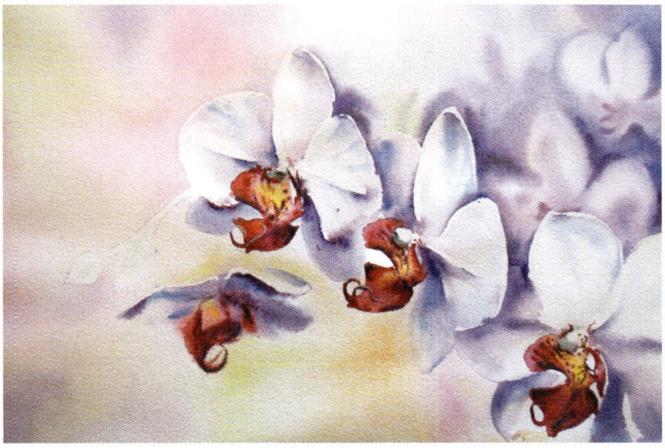

Étapes 5 et 6

Laisser tomber une goutte d'auréoline vers le haut des cœurs. Densifier ensuite progressivement, au fur et à mesure du séchage (en passant d'une fleur à l'autre) ; varier les couleurs avec un pigment de plus en plus pâteux pour foncer : écarlate, rose, alizarine, outremer pour ombrer.

Quand les cœurs sont secs, peindre les petits détails avec un pinceau fin et du pigment foncé brut.

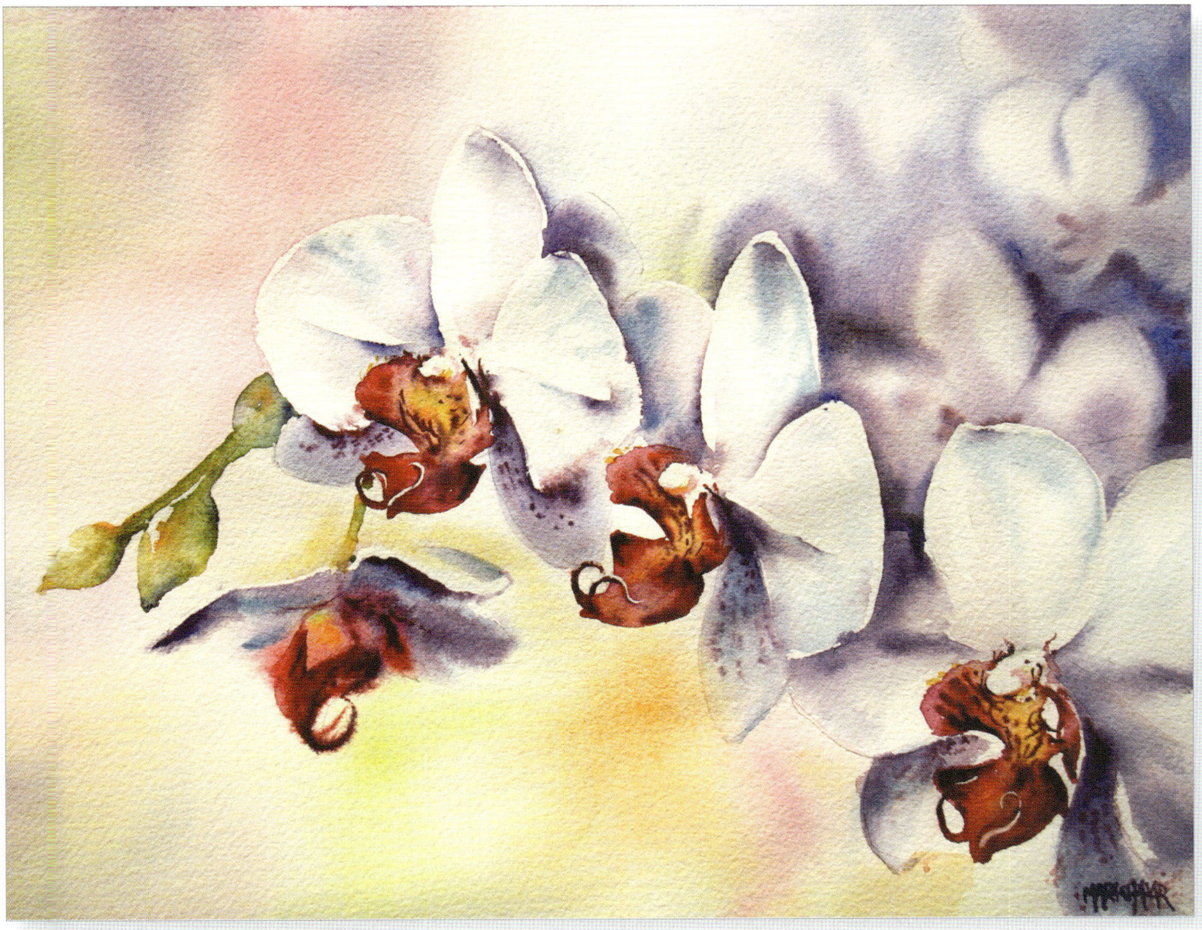

Étape 7

Peindre les tiges et quelques boutons. Rajouter des détails sur les pétales : petits points magenta sur les pétales du bas et sur les cœurs.

Fleur d'hortensia

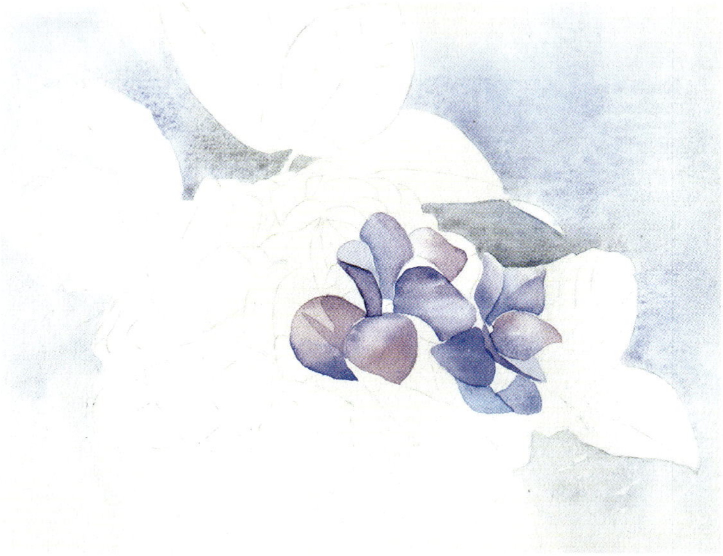

Étape 1

S'assurer que le motif fourni a les dimensions correspondant au papier aquarelle 300 g choisi. En modifier éventuellement la taille à la photocopieuse. Transférer ensuite les contours du dessin à l'aide d'un crayon gras 2B et d'une pointe sèche. Puis brosser le fond sur papier mouillé en bleu outremer et noir. Avoir à portée de main du papier absorbant pour éponger un peu la couleur. Commencer ensuite la mise en couleur des fleurs qui seront peintes pétale après pétale sur papier humide.

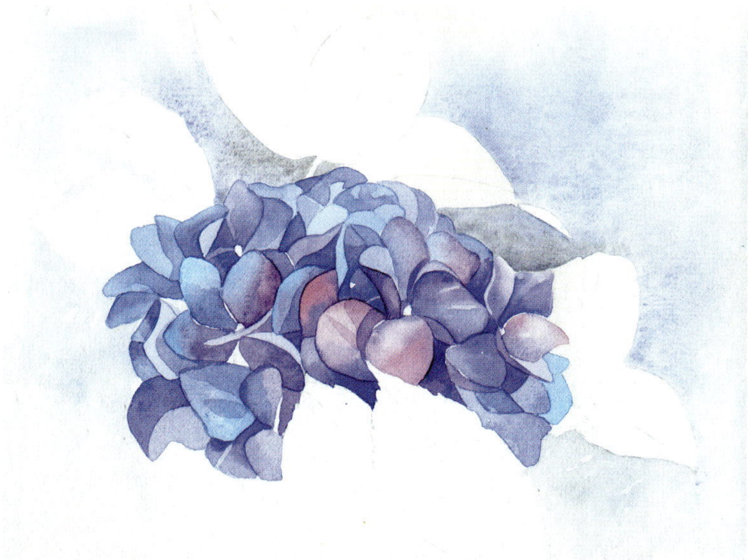

Étape 2

Poser sur chaque pétale humidifié les variations de couleurs suivantes : bleu manganèse, outremer, alizarine cramoisie, violet outremer. Les tonalités doivent rester bleu violacé avec une pointe de rose par endroits. Progresser de proche en proche.

ASTUCE

Pour plus de précaution, vous pouvez réserver, au liquide de masquage, les lignes des nervures.

Couleurs utilisées

- Bleu outremer, bleu manganèse
- Violet outremer
- Noir
- Vert olive, vert de vessie
- Jaune cadmium
- Rouge de cadmium, alizarine cramoisie

Étape 3

La fleur terminée, peindre les feuilles dans le frais. Pour cela, humecter chaque motif très précisément avec un pinceau fin, en veillant à bien le délimiter et à réserver les espaces correspondant aux nervures. Utiliser du vert olive éclairé de jaune de cadmium ou nuancé de rouge de cadmium ou encore de vert de vessie.

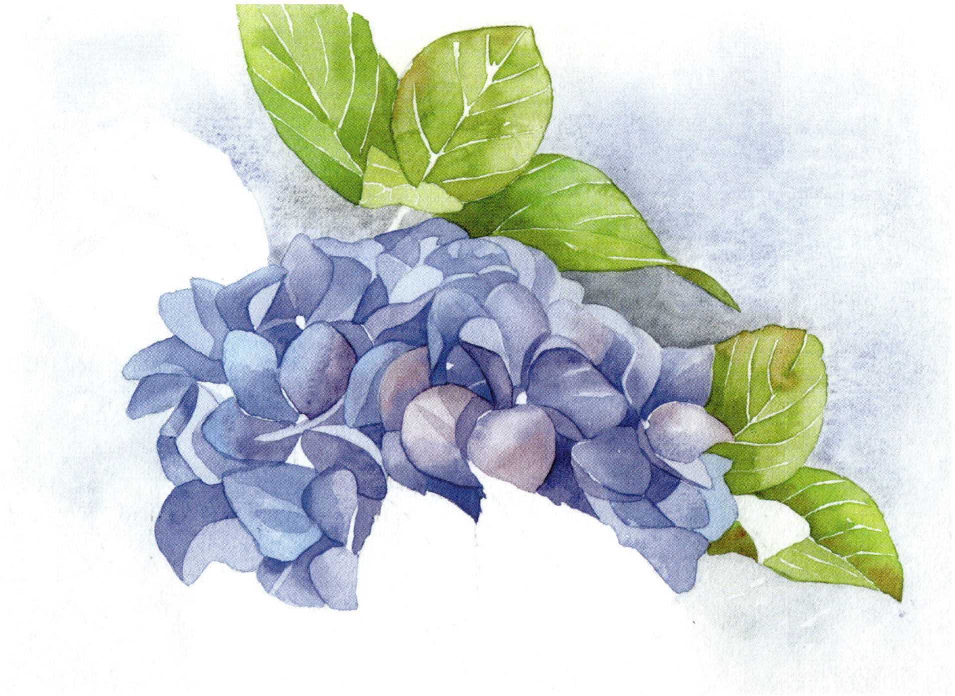

Étape 4

Peindre selon le même principe le restant des feuilles. Laisser sécher, puis figurer les ombres portées en superposant aux premiers lavis un jus de vert de vessie additionné d'une pointe de noir. Colorer le bas de la composition avec ce même mélange appliqué en jus transparent sur papier sec.

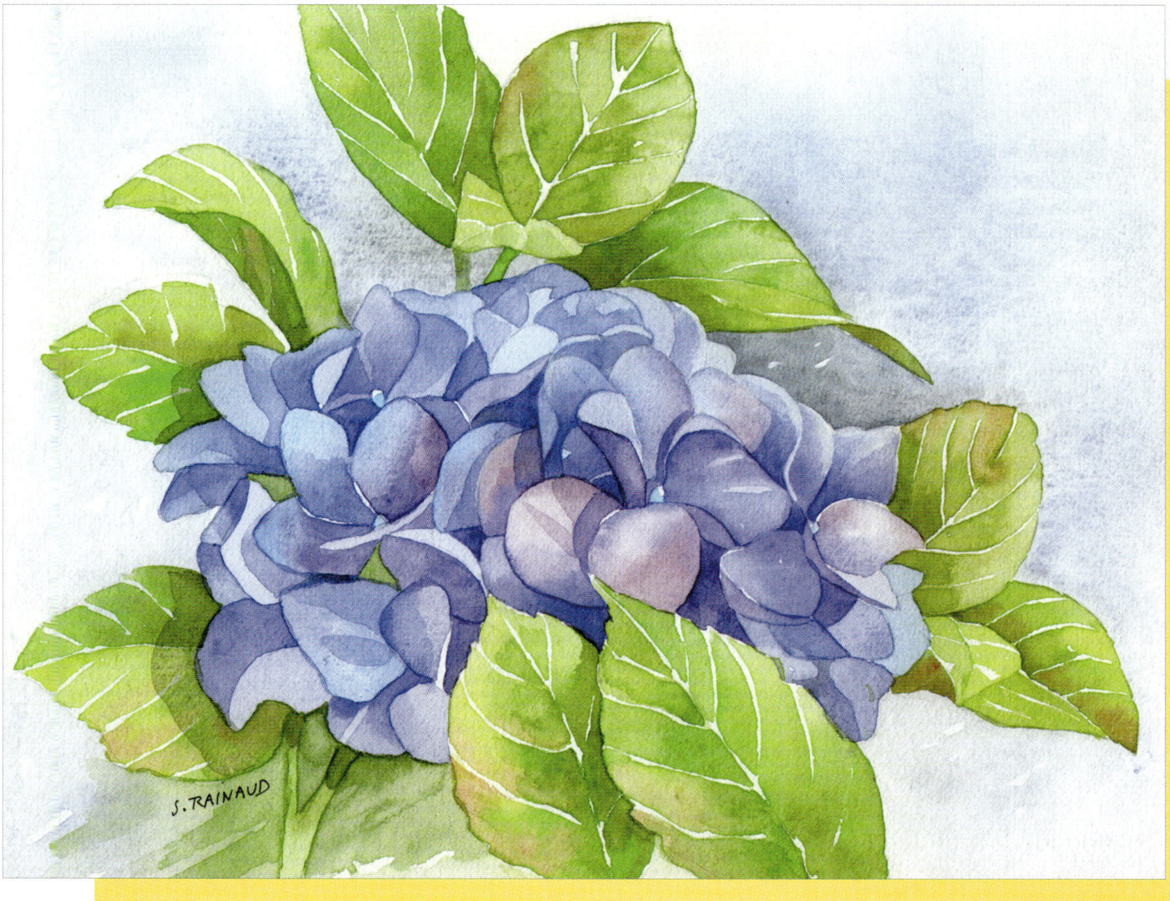

Bouquet de géranium

Étapes 1 et 2

Vérifier que les dimensions du motif fourni correspondent bien à celles du papier aquarelle 300 g choisi. Sinon, en modifier la taille en le photocopiant au taux d'agrandissement souhaité. Puis transférer les contours du dessin. Humecter ensuite le fond en contournant soigneusement le sujet, et appliquer un jus transparent bleu outremer additionné d'une pointe de noir. Rehausser le centre, dans le frais, en injectant quelques gouttes de bleu outremer et de vert de vessie.

Laisser sécher, puis peindre sur papier sec les feuilles du bouquet en lavis vert de vessie transparent, plus ou moins mêlé de noir. Réserver des blancs, aux endroits indiqués.

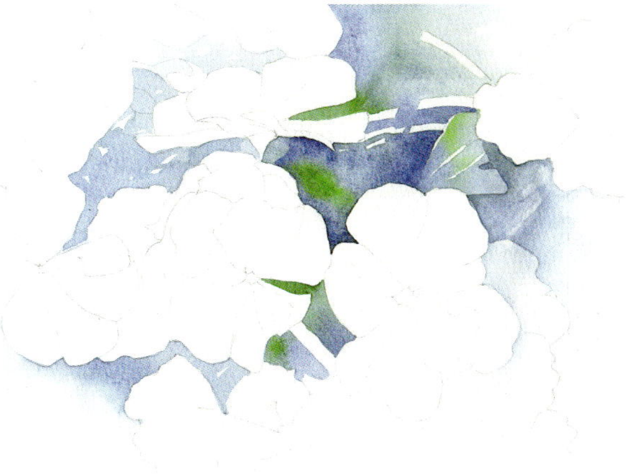

Couleurs utilisées

- Bleu outremer
- Vert de vessie
- Noir
- Alizarine cramoisie
- Rouge de cadmium
- Magenta

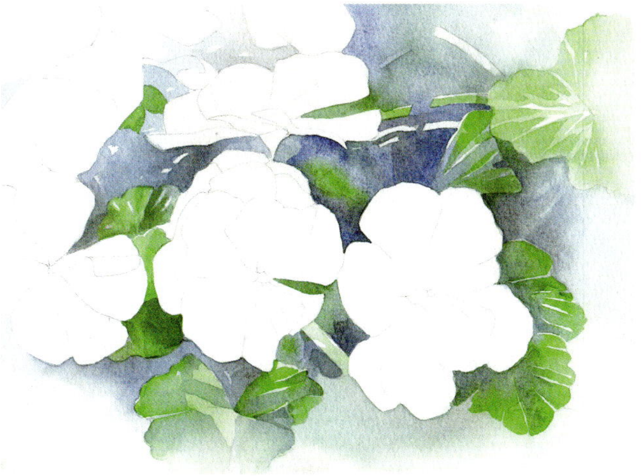

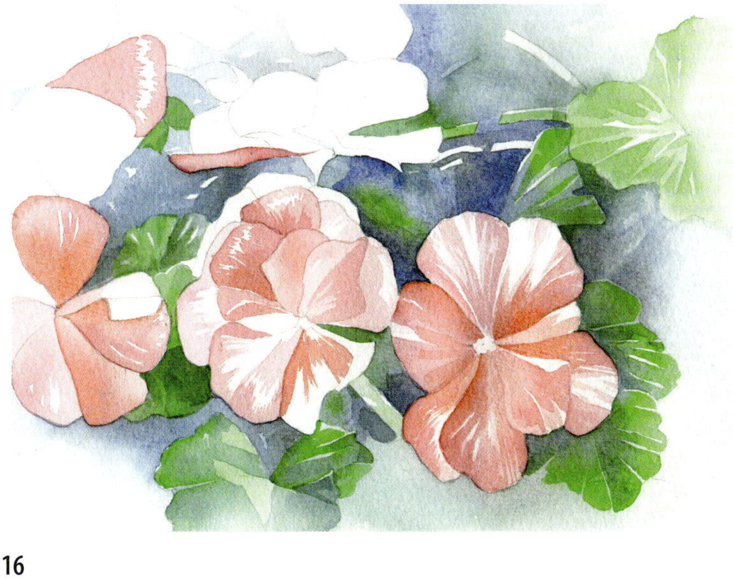

Étapes 3 et 4

Colorer ensuite les pétales en alizarine cramoisie, rouge de cadmium et magenta. Le travail se fait pétale après pétale en coulant les couleurs sur papier humide. Bien circonscrire au préalable chaque pétale avec un pinceau humide. La couleur, appliquée à cet endroit, se diffuse par capillarité jusqu'aux limites du papier mouillé. Se forment alors en périphérie des contours fins dessinant chaque pétale. Réserver quelques blancs pour les nervures.

Après séchage des premiers lavis, figurer les ombres portées en lavis transparent rose additionné d'une pointe de bleu outremer ou de noir.

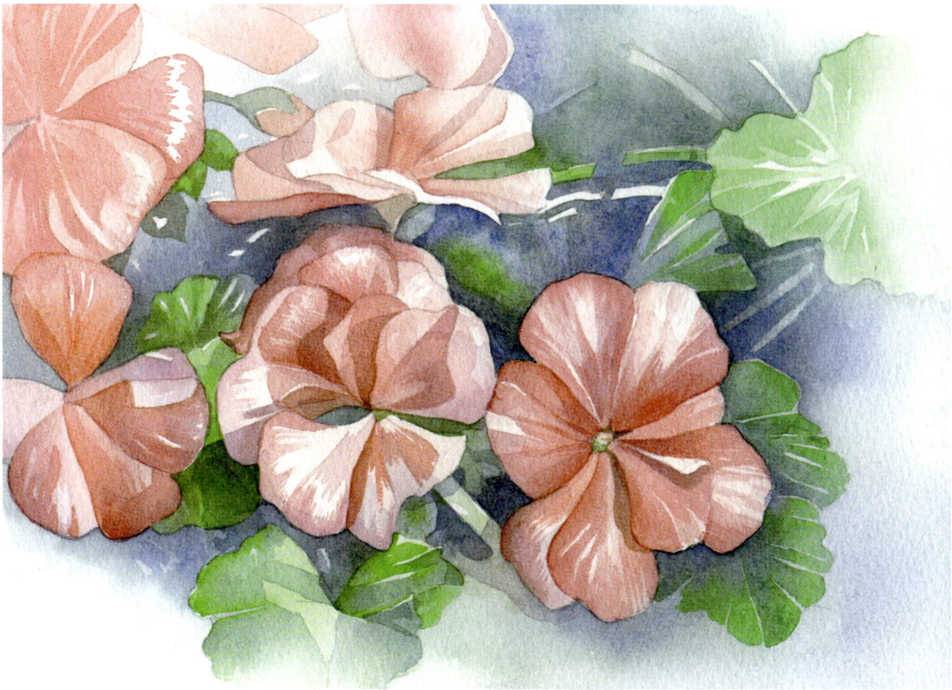

Étape 5

Accentuer les zones d'ombre avec du bleu outremer, du magenta mêlé de noir et des jus noirs très dilués. Ombrer ainsi davantage le fond pour mieux faire ressortir le sujet.

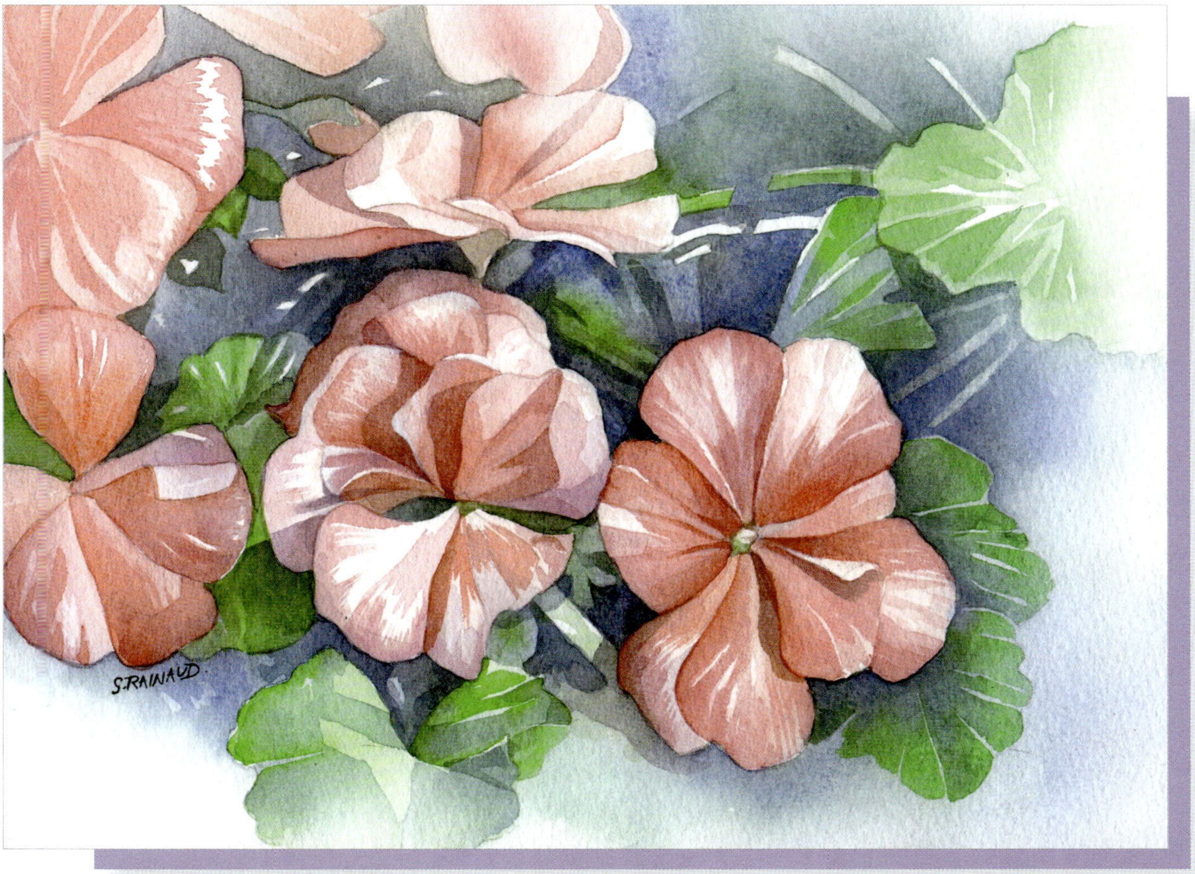

Roses trémières

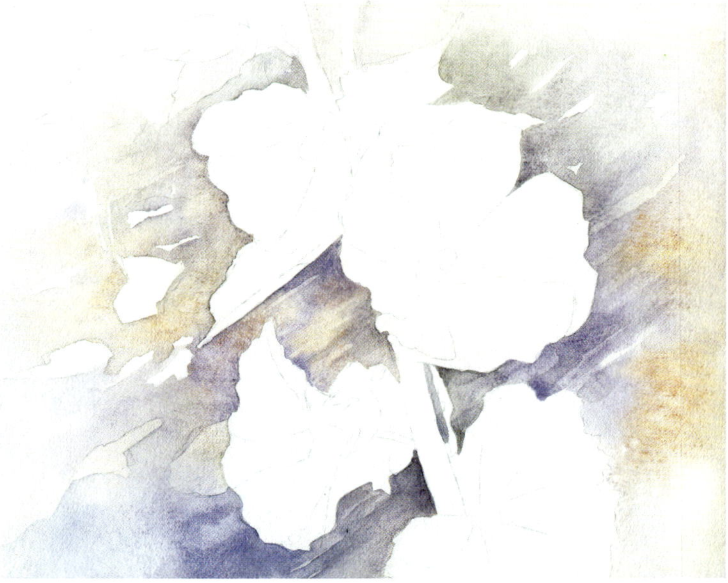

Étape 1

Adapter le motif fourni aux dimensions du papier aquarelle 300 g choisi, en en modifiant éventuellement la taille à la photocopieuse. Reporter ensuite le dessin à l'aide d'un crayon gras 2B et d'une pointe sèche. Puis brosser le fond sur papier humide en appliquant les couleurs en coups de pinceau obliques : terre de Sienne brûlée, violet outremer et un peu de noir.

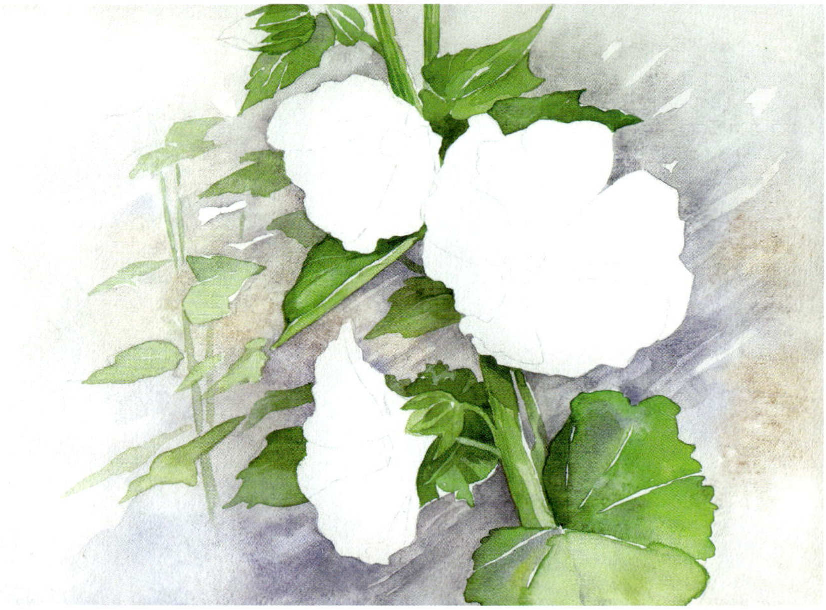

Étape 2

Peindre le feuillage sur le papier préalablement humecté au pinceau et à l'eau claire. Les tiges feuillues de gauche sont lavées en vert olive détrempé, nuancé de vert de vessie. Celles de droite sont colorées en vert de vessie rehaussé par endroits, dans le frais, d'outremer. Après séchage des couleurs, ombrer avec du vert olive.

Couleurs utilisées

- Violet outremer
- Terre de Sienne brûlée
- Noir
- Vert de vessie, vert olive
- Bleu outremer
- Rouge carmin, rouge de cadmium

Étape 3

Ombrer les corolles blanches à l'aide de lavis transparents et légers de rouge de cadmium, violet outremer et noir. Les appliquer sur papier sec, soigneusement, en respectant les contours du motif. Utiliser un pinceau assez fin. Grâce à ce travail, les fleurs prennent forme et gagnent en volume et en réalisme.

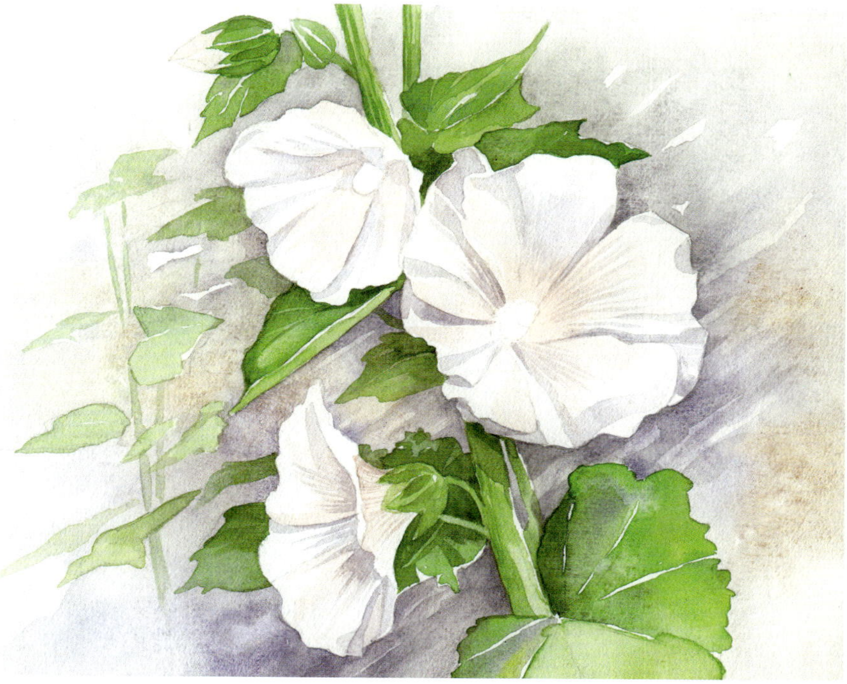

Étape 4

Rehausser le centre des corolles de traits fins rayonnants rouge carmin. Nuancer avec un peu de vert de vessie. Puis, après séchage, figurer le cœur en tamponnant avec la pointe d'un pinceau fin des pointillés carmin et vert.

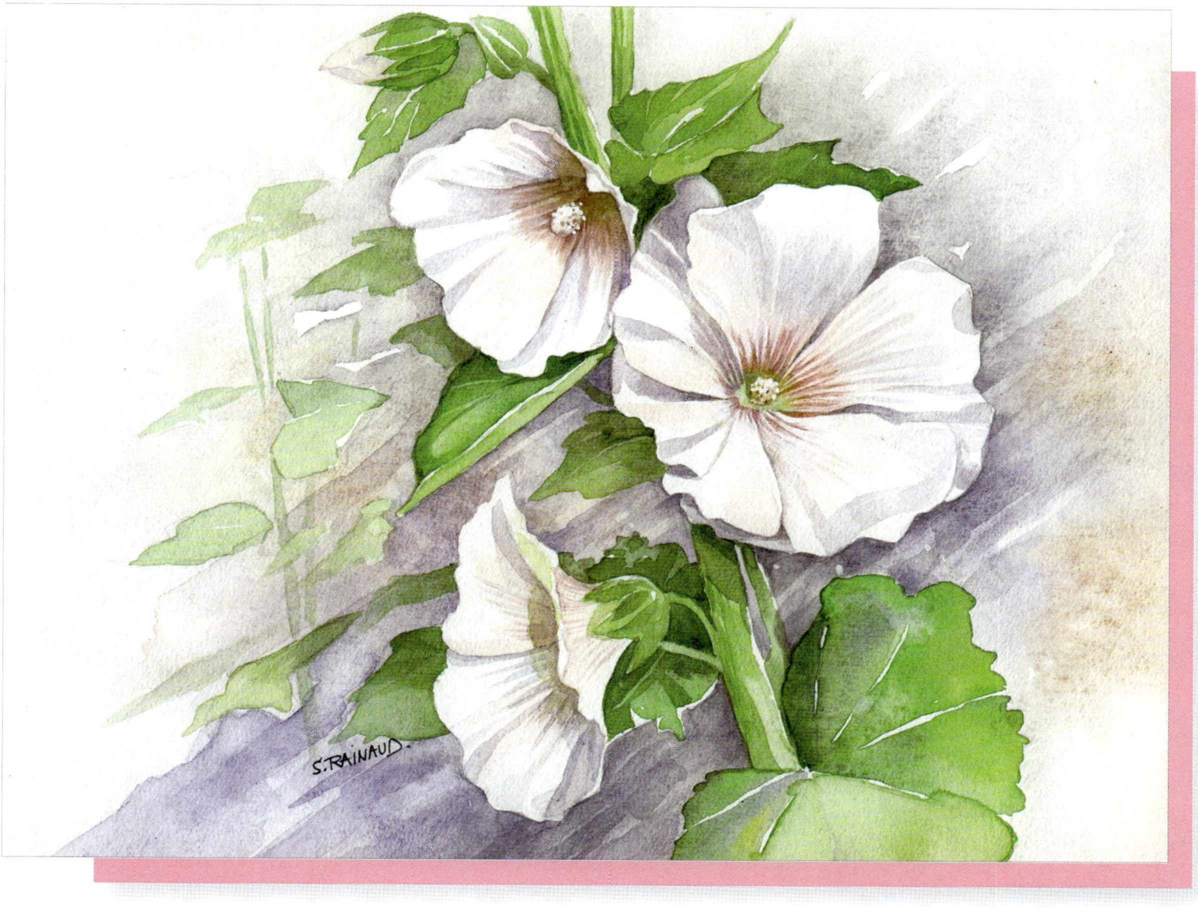

Crocus du printemps

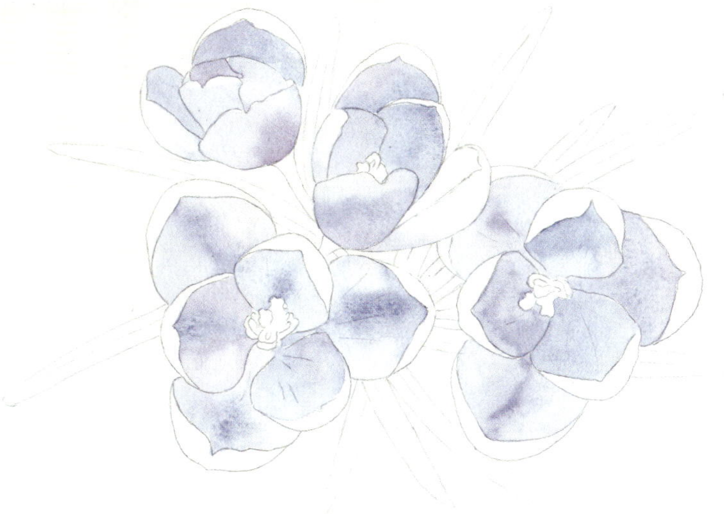

Étape 1

S'assurer que le motif fourni a les dimensions correspondant au papier aquarelle 300 g choisi. En modifier éventuellement la taille à la photocopieuse. Transférer ensuite les contours du dessin à l'aide d'un crayon gras 2B et d'une pointe sèche. Peindre l'intérieur des corolles sur papier mouillé en bleu et violet outremer dilué.

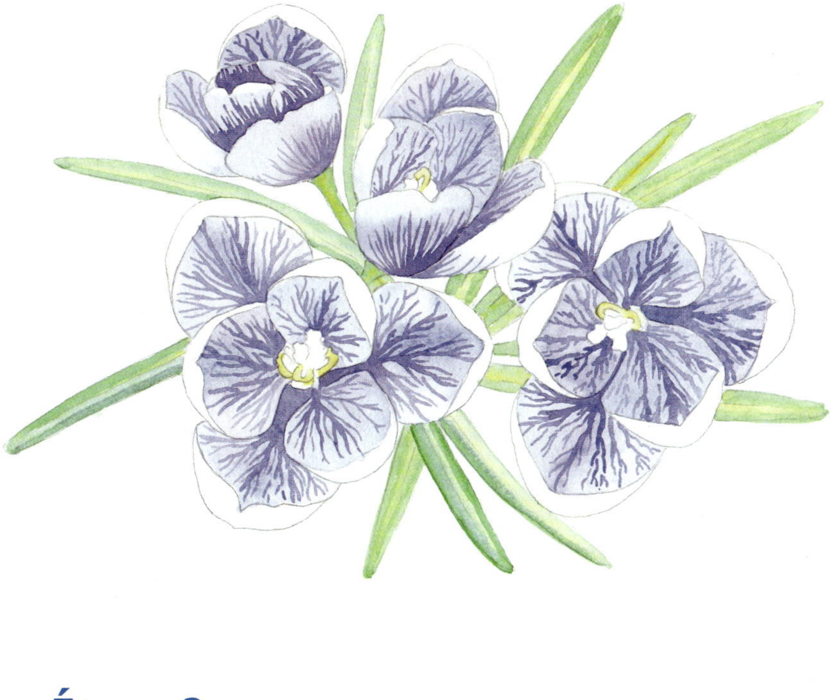

Étape 2

Laisser sécher puis, avec une pointe sèche, dessiner des nervures sur chaque pétale afin de marquer le papier. Y couler du bleu mêlé de violet. Les pigments s'accumulent alors dans les creux ainsi créés, et les nervures se colorent précisément. Teinter en jaune indien le cœur des fleurs ; en jaune de cadmium et vert de vessie les longues feuilles.

Étape 3

Après séchage complet des couleurs du sujet, humidifier le papier autour et brosser le fond en mouillé sur mouillé : utiliser des jus très légers de bleu outremer, rose permanent, or vert et gris de Payne.

Couleurs utilisées

- Rose permanent, magenta
- Bleu outremer
- Violet outremer
- Or vert, vert de vessie
- Gris de Payne
- Jaune de cadmium, jaune indien
- Red gold lake

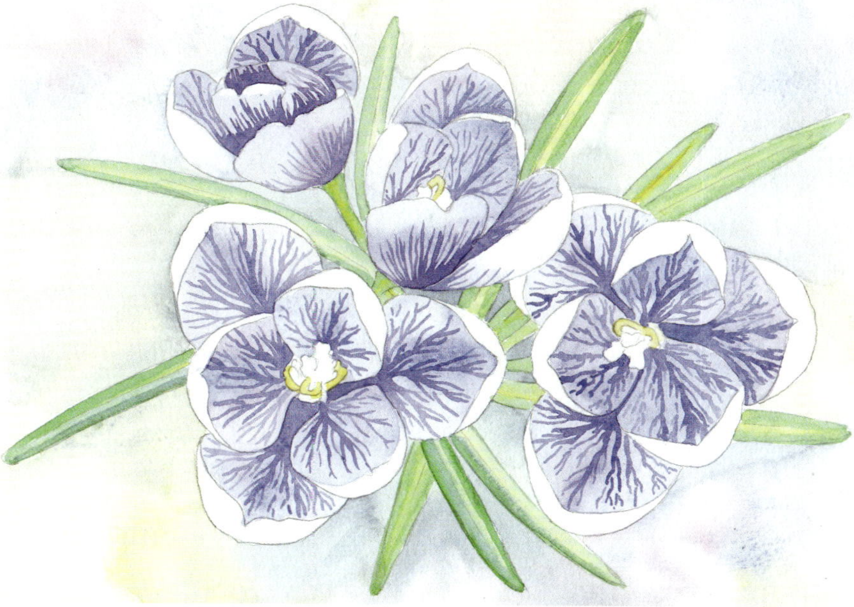

Étape 4

Colorer les cœurs avec du red gold lake et du jaune indien. Après séchage, renforcer les zones d'ombre sur les fleurs en appliquant, sur papier sec, des lavis bleu outremer et violet outremer plus saturés. Faire de même sur les feuilles avec du vert de vessie mêlé de gris de Payne. Pour finir, renforcer les couleurs du fond.

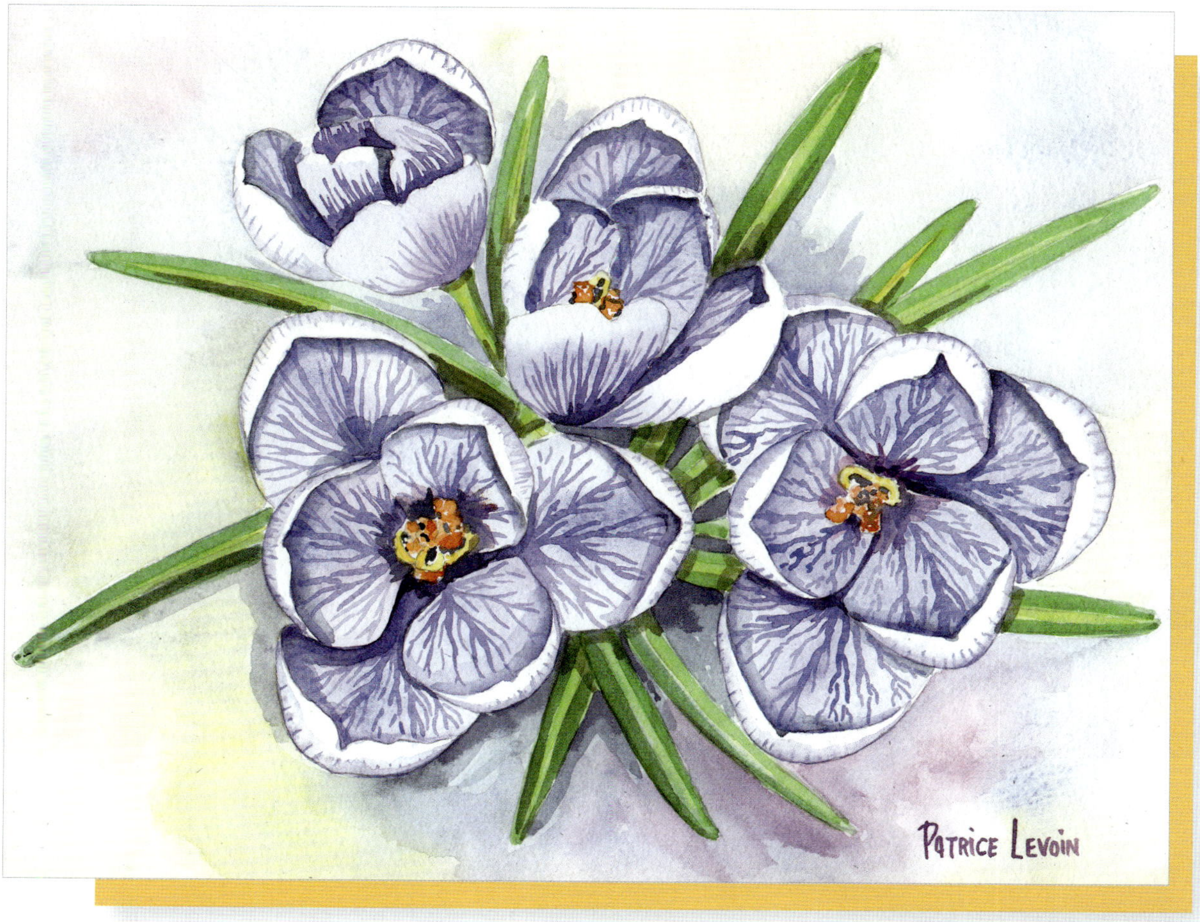

Amandier en fleur

Étape 1

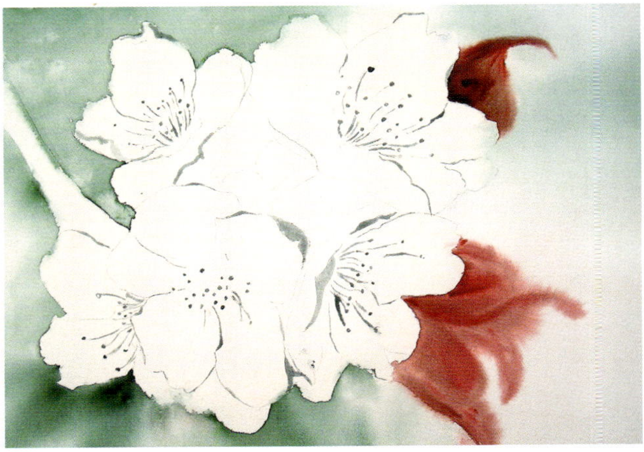

Reporter le motif fourni sur un papier très blanc, grain fin 300 g, préalablement tendu sur une planche à dessin ou un châssis. Souligner de petites zones de lumière au drawing-gum, posé avec une paille découpée en biseau ou un porte-plume, en laissant des passages pour permettre au sujet de mieux s'intégrer dans son environnement.
Pour obtenir un fond léger et flou, il faut absolument éviter que l'on sente des coups de pinceaux hésitants et laborieux. Pour cela, humidifier le papier à cœur. Mouiller abondamment les endroits souhaités et leur laisser le temps d'absorber une partie de l'eau (quart par quart de feuille si l'on est assez rapide). Puis déposer du vert olive assez épais autour des fleurs, le vaporiser d'une bruine d'eau, le faire voyager en inclinant le papier. La couleur va beaucoup s'éclaircir, à cause de l'eau vaporisée mais aussi en séchant (environ 25 %).
Quand le papier commence à sécher, colorer les feuilles avec un mélange de rouge rubis et de vert olive.

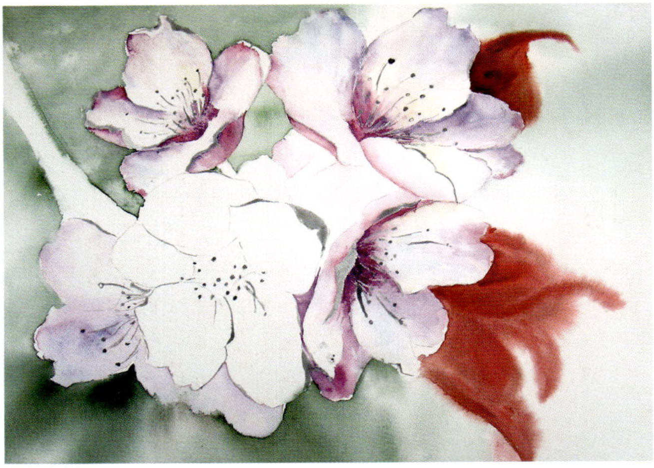

Étape 2

Laisser sécher, puis, en mouillant à nouveau les fleurs une par une, introduire du magenta, du mauve permanent, du bleu et du violet outremer (dans les parties ombrées). Contourner soigneusement la « fleur bijou », celle qui sera la plus lumineuse et qui devra attirer le regard.
Il faut bien observer les zones de lumière qui devront rester blanches, et avoir la main légère, car des pigments trop brassés nuiraient à la transparence recherchée.

Étape 3

Poursuivre le travail sur les fleurs et ébaucher celui de la fleur principale, plus claire que les autres. Introduire du violet dans les feuilles.

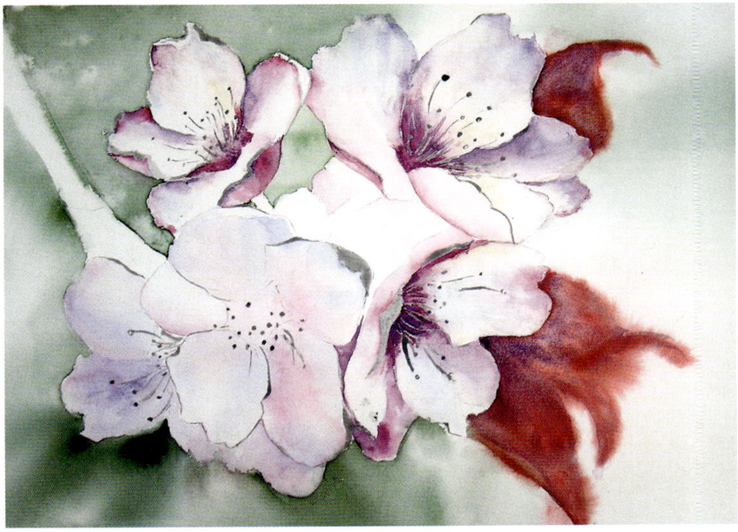

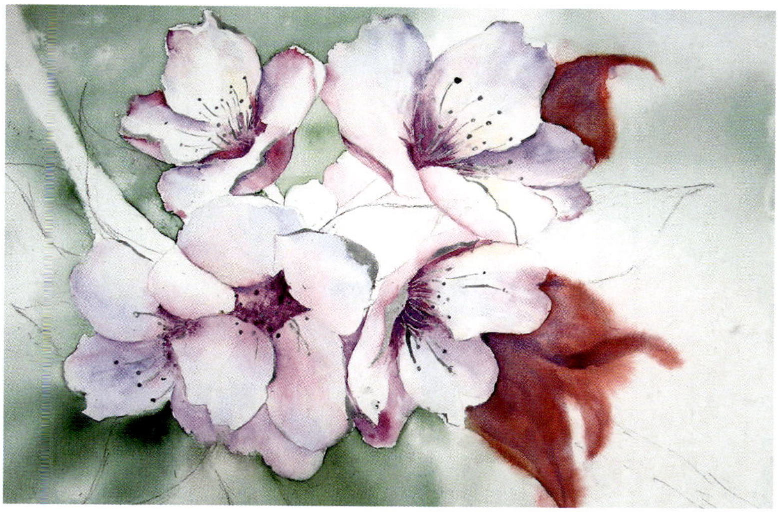

Étape 4

À ce stade, rectifier la composition un peu trop ronde. Feuilles, branches supplémentaires, il s'agit de créer un lien entre les fleurs et leur environnement.

Étape 5

Introduire du jaune de Naples sur certains pétales et aussi dans le fond, à droite, dans la zone lumière. Pour cela, remouiller le papier et presser un pinceau chargé en pigment en laissant tomber de grosses gouttes crémeuses sur le papier ; vaporiser une bruine d'eau puis faire voyager la couleur.

Le pinceau ne touche pas le papier, seule façon de créer un voile imperceptible mais très lumineux.

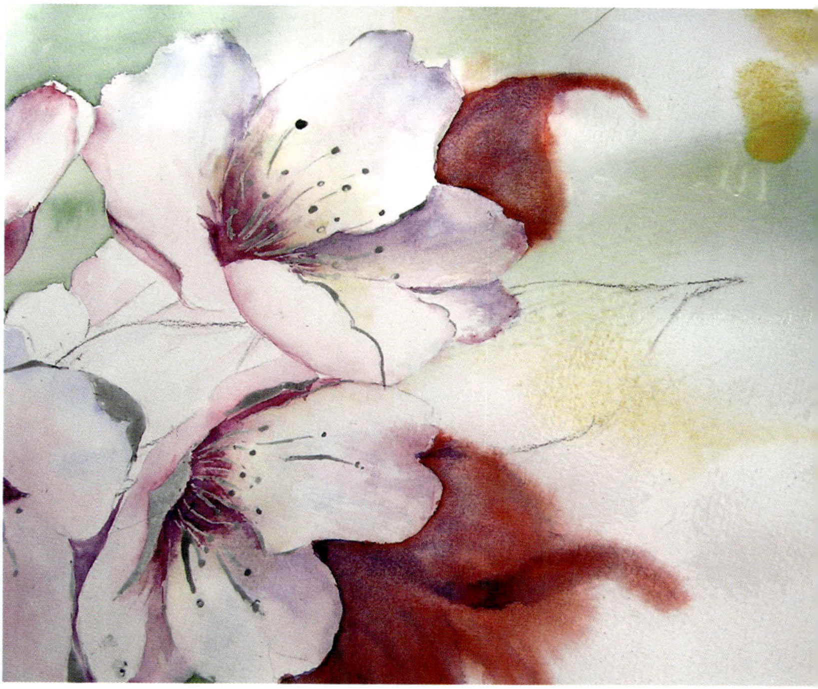

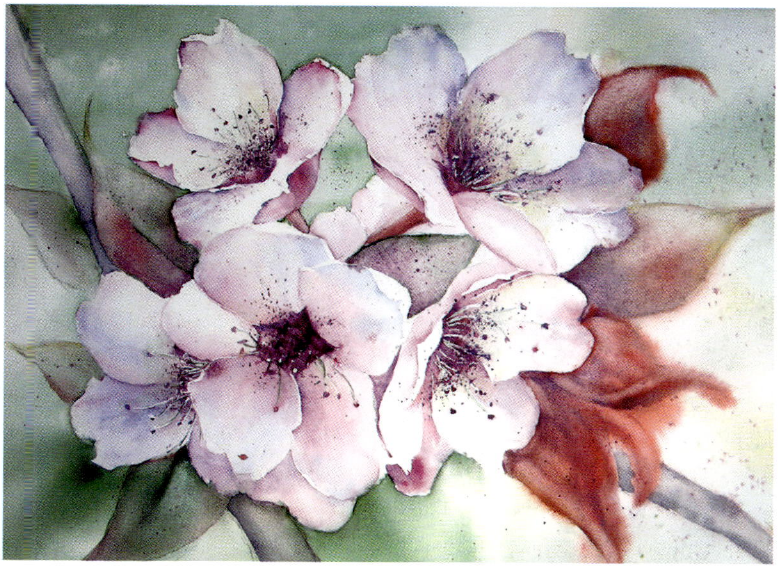

Étape 6

Peindre les nouvelles feuilles par voiles successifs très légers de vert, mauve, rouge, jaune. Laisser sécher puis retirer délicatement le drawing-gum du bout des doigts ou avec une gomme. Tracer les pistils avec un pinceau extra-fin (vert olive, violet), en laissant des parties blanches. Renforcer, si besoin, l'ombre sous la « fleur lumière » qui doit « passer » au premier plan. Projeter à l'aide d'un pinceau-brosse raide de petites gouttes de violet, mauve, vert dans le cœur des fleurs et aussi dans le fond, pour relier celui-ci au sujet principal et dynamiser l'ensemble.

Étape 7

On pourrait s'arrêter là. Mais les feuilles trop rouges et la lumière, en bas à droite, font concurrence aux fleurs... Il s'agit alors d'atténuer ces nuances en commençant par mouiller les feuilles et attendre que l'eau vaporisée déstabilise les pigments.

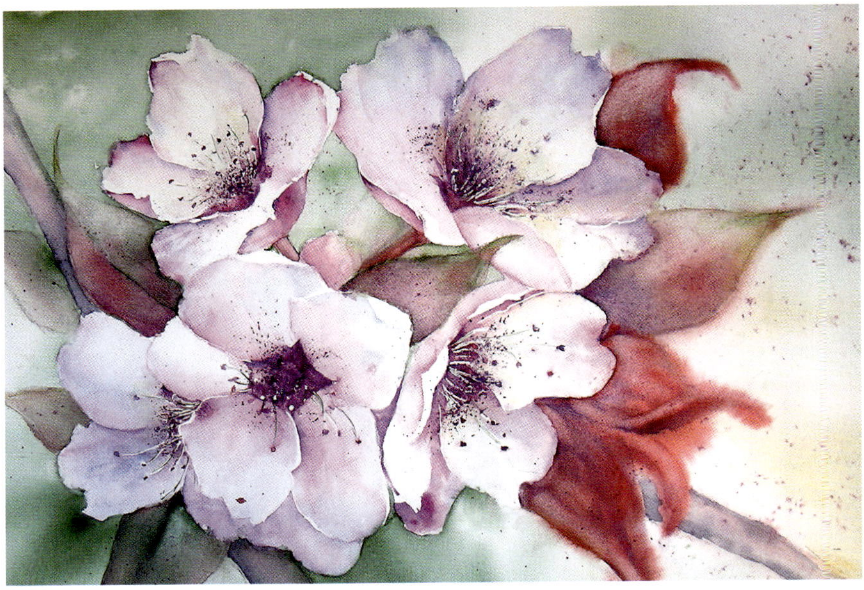

Couleurs utilisées
(en tubes de préférence)

- Vert olive
- Mauve permanent
- Violet outremer
- Bleu outremer
- Magenta
- Jaune de Naples
- Rouge rubis

Étape 8

Frotter ensuite légèrement les feuilles rouges avec un pinceau et absorber avec du papier absorbant. Une fois le papier sec, superposer sur les feuilles un léger voile vert puis appliquer quelques traînées d'écoline blanche (aquarelle liquide opaque).
Feuilles et fond (avec une goutte de vert en bas, à droite) neutralisés, passés au second plan, les fleurs ont toute la vedette...

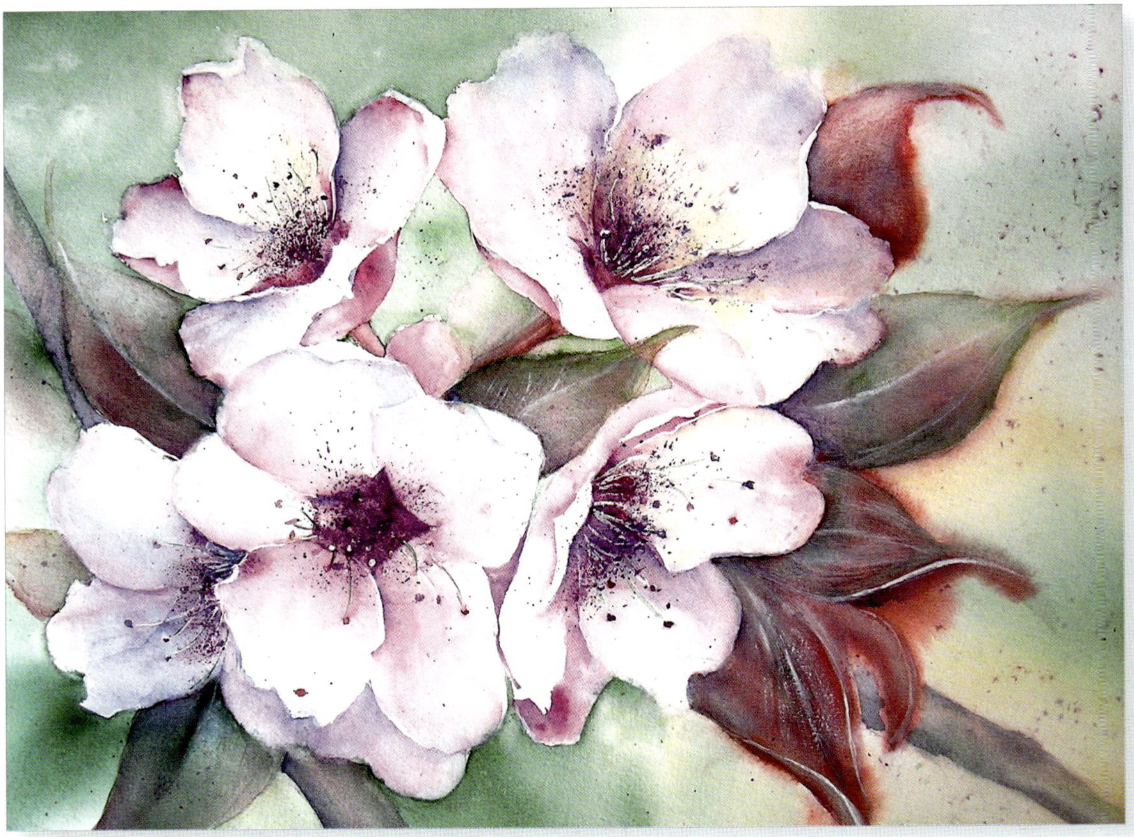

Fleurs d'orchidée

Étape 1

Adapter le motif fourni aux dimensions du papier aquarelle 300 g choisi, en en modifiant éventuellement la taille à la photocopieuse. Reporter ensuite le dessin à l'aide d'un crayon gras 2B et d'une pointe sèche. Puis colorer les tiges en vert de vessie dilué et les cœurs en terre d'ombre naturelle. Dessiner des nervures, sur les lobes, avec la pointe sèche puis y couler du magenta.

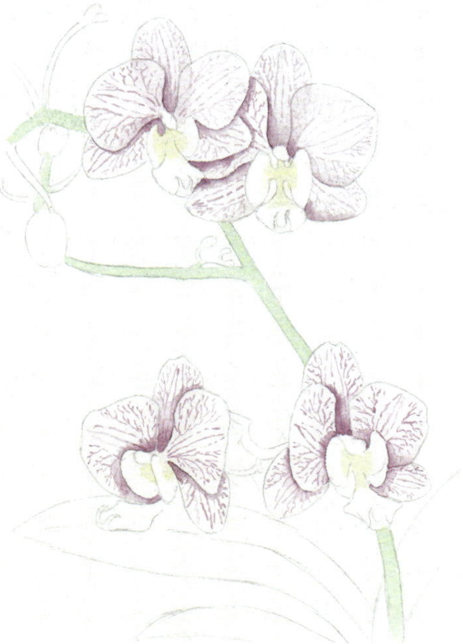

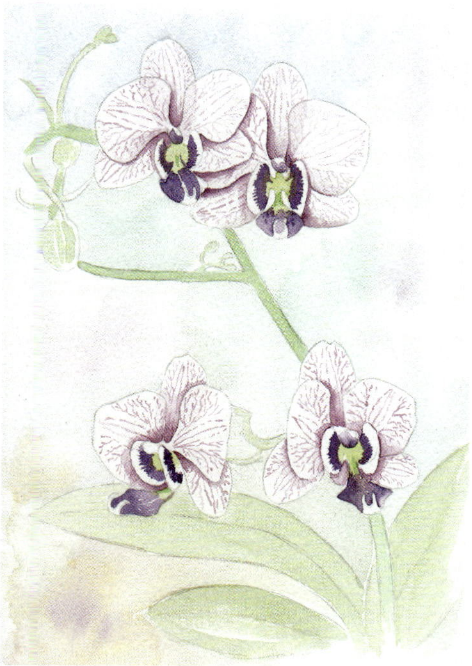

Étape 2

Ombrer les lobes en magenta plus soutenu. Rehausser les cœurs en vert de vessie et violet outremer. Laver les feuilles et les boutons en vert de vessie transparent, mêlé à une pointe de red gold lake. Mouiller le fond et poser des jus légers bleu outremer, violets et vert + red gold lake.

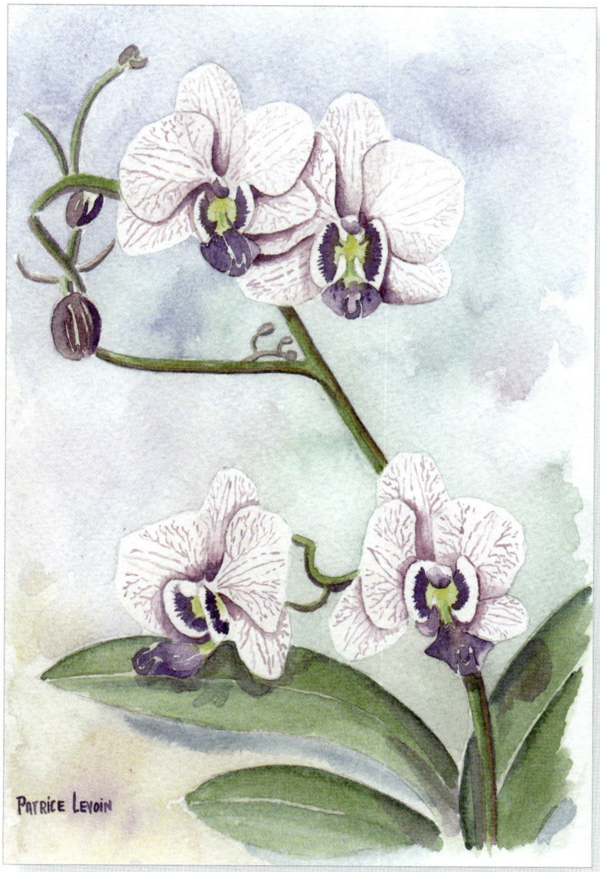

Couleurs utilisées

- Magenta
- Bleu outremer
- Violet outremer
- Vert de vessie
- Jaune indien
- Red gold lake
- Terre d'ombre naturelle
- Terre de Sienne brûlée

Étape 3

Terminer l'aquarelle en renforçant les lavis verts des feuilles, puis en figurant les ombres des divers éléments en terre de Sienne brûlée et violet transparent. Colorer les boutons en magenta foncé de violet. Intensifier enfin les couleurs du fond en le mouillant à nouveau et en y coulant dans le frais du bleu et du magenta ainsi que quelques gouttes de jaune indien.

Roses anciennes

Étape 1

Transférer sur le papier 300 g choisi le motif fourni, adapté à la bonne taille. Poser ensuite du drawing-gum sur les parties des pétales de roses qui doivent rester blanches. Laisser sécher puis mouiller toute la feuille : brosser le fond avec de la terre de Sienne naturelle par endroits et du bleu cobalt à d'autres. Poser du jaune auréoline léger sur les roses. Mettre du magenta (pigment brut) pour suggérer des roses dans le lointain, ainsi que sur les roses. Rajouter un peu de feuillage clair dans le mouillé. Renforcer les magentas et poser quelques violets (magenta + cobalt) sur les pétales restant dans l'ombre.

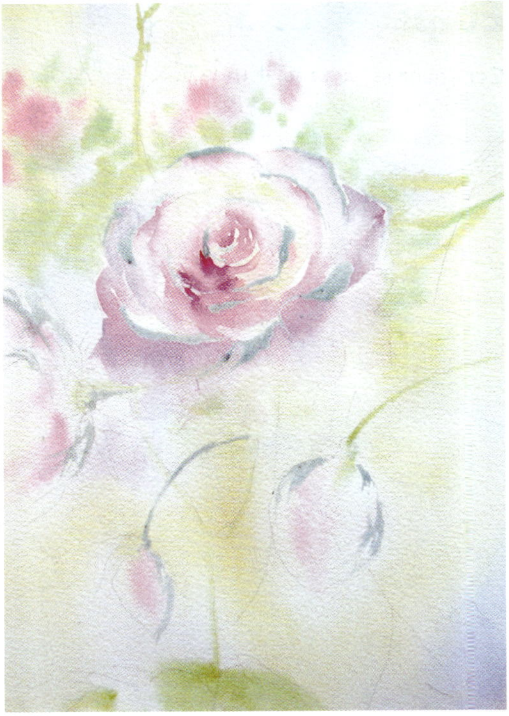

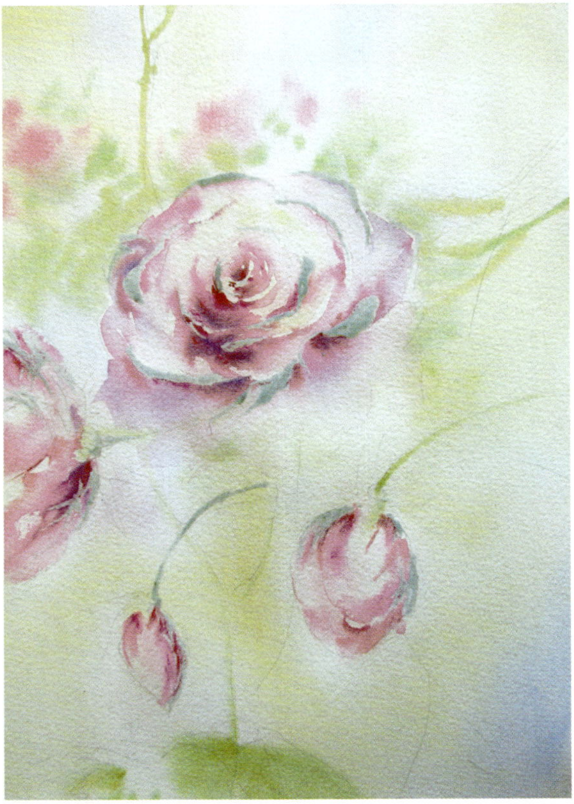

Étape 2

Quand le papier devient mat, renforcer et contraster les couleurs avec des pigments bruts presque sans eau en conservant des blancs pour les rehauts de lumière (magenta, alizarine cramoisie et violet). Laisser sécher.

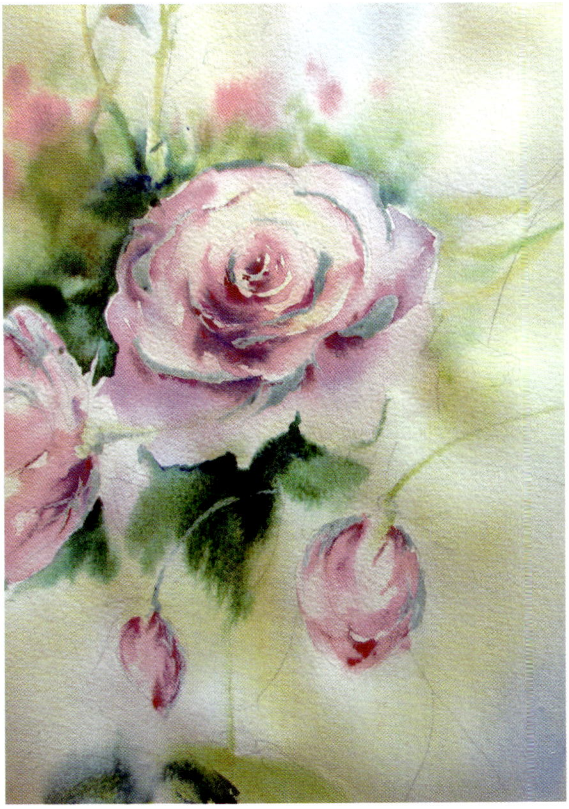

Étape 3

Mouiller partiellement le fond en évitant les fleurs puis poser des pigments bruts (sans eau) pour peindre le feuillage foncé : utiliser pour ce faire du vert, de l'outremer et de la terre de Sienne brûlée.

Étapes 4 et 5

Continuer le feuillage, dans le mouillé, avec des pigments bruts en variant les couleurs et l'intensité. Le but est de donner un effet de flou qui n'attire pas le regard. Laisser sécher.

Retirer le drawing-gum et reprendre le feuillage par endroits ; à ce stade, on peut faire plus précis et dessiner quelques feuilles de roses. Peindre les pétales dans l'ombre avec un violet ; fondre et tirer la couleur verte du fond sur certains pétales. Adapter les tonalités et contrastes : rouge sur la rose et les boutons, violet pour les ombres. C'est le stade des détails ; rajouter des branches et des feuilles, etc.

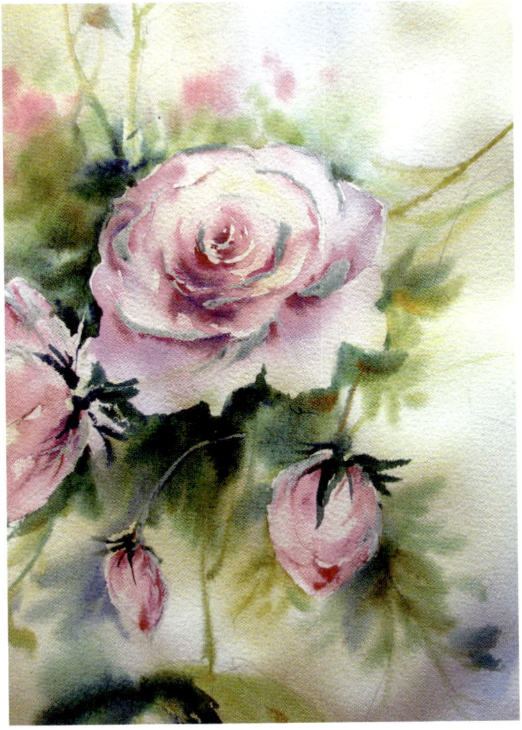

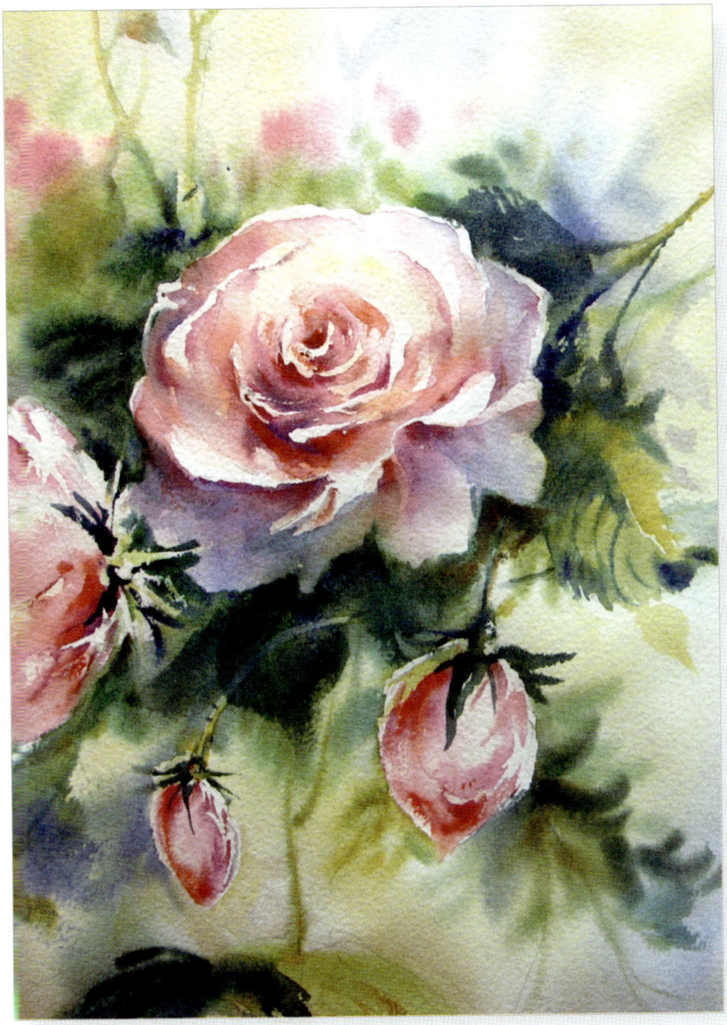

Couleurs utilisées

- Bleu outremer
- Bleu cobalt
- Jaune auréoline
- Terre de Sienne brûlée
- Terre de Sienne naturelle
- Magenta
- Rouge de cadmium
- Alizarine cramoisie
- Vert olive

Fleur de tournesol

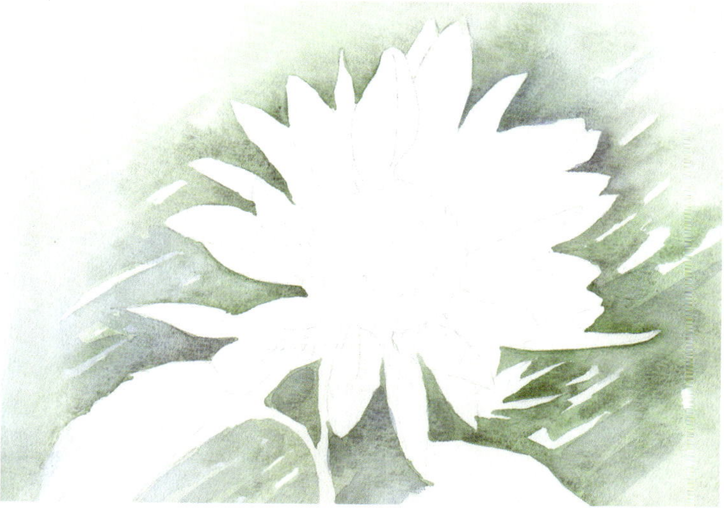

Étape 1

S'assurer que le motif fourni a les dimensions correspondant au papier aquarelle 300 g choisi. En modifier éventuellement la taille à la photocopieuse. Transférer ensuite les contours du dessin à l'aide d'un crayon gras 2B et d'une pointe sèche. Puis mouiller le papier autour du tournesol et brosser le fond, dans le frais, en vert de vessie mêlé d'une pointe de noir. Après séchage, y superposer des touches de lavis bleu transparent.

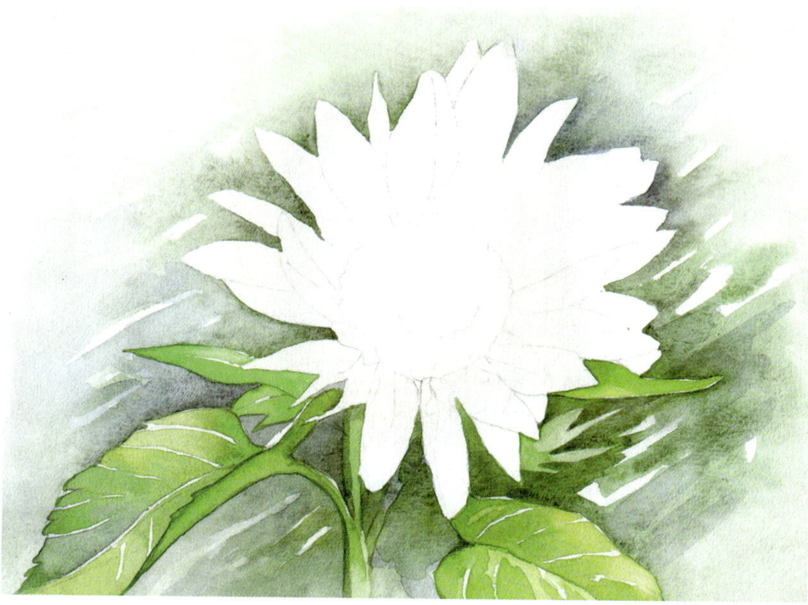

Étape 2

Colorer la tige et les feuilles en vert de vessie et vert olive, appliqués sur le papier préalablement mouillé, en respectant les contours précis de chaque motif, notamment les nervures des feuilles. Laisser sécher puis poser sur la partie inférieure du fond un voile transparent de vert de vessie, assombri d'un peu de noir.

ASTUCE

L'aspect granuleux du cœur du tournesol peut aussi être obtenu en saupoudrant le lavis frais de grains de sel, à retirer après séchage.

Étape 3

Colorer la corolle du tournesol en posant, sur chaque pétale préalablement humecté, un lavis jaune de cadmium clair. Laisser sécher puis superposer des rehauts de jaune de cadmium foncé ; ombrer dans le frais avec du jaune mêlé à une pointe de violet de cobalt.

Couleurs utilisées

- Noir
- Bleu outremer
- Vert de vessie
- Vert olive
- Jaune de cadmium clair
- Jaune de cadmium foncé
- Violet de cobalt
- Ocre jaune
- Terre de Sienne brûlée
- Rouge de cadmium

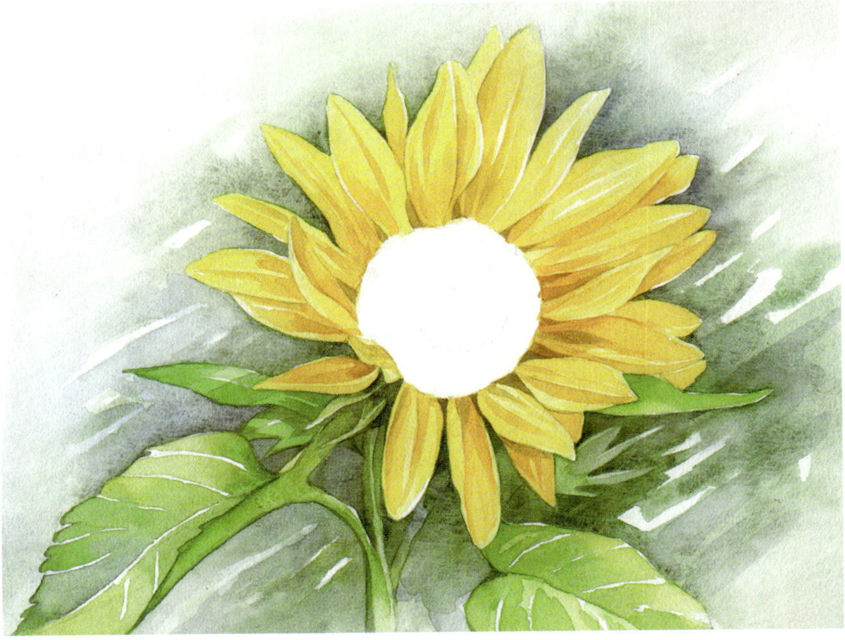

Étape 4

Appliquer au cœur du tournesol des petits points de liquide de masquage (drawing-gum). Laisser sécher puis peindre cette partie restante sur papier humide en jaune de cadmium et vert de vessie au centre et terre de Sienne brûlée, ocre jaune et rouge de cadmium sur la périphérie. Après séchage complet des couleurs, retirer délicatement les petits points de réserve.

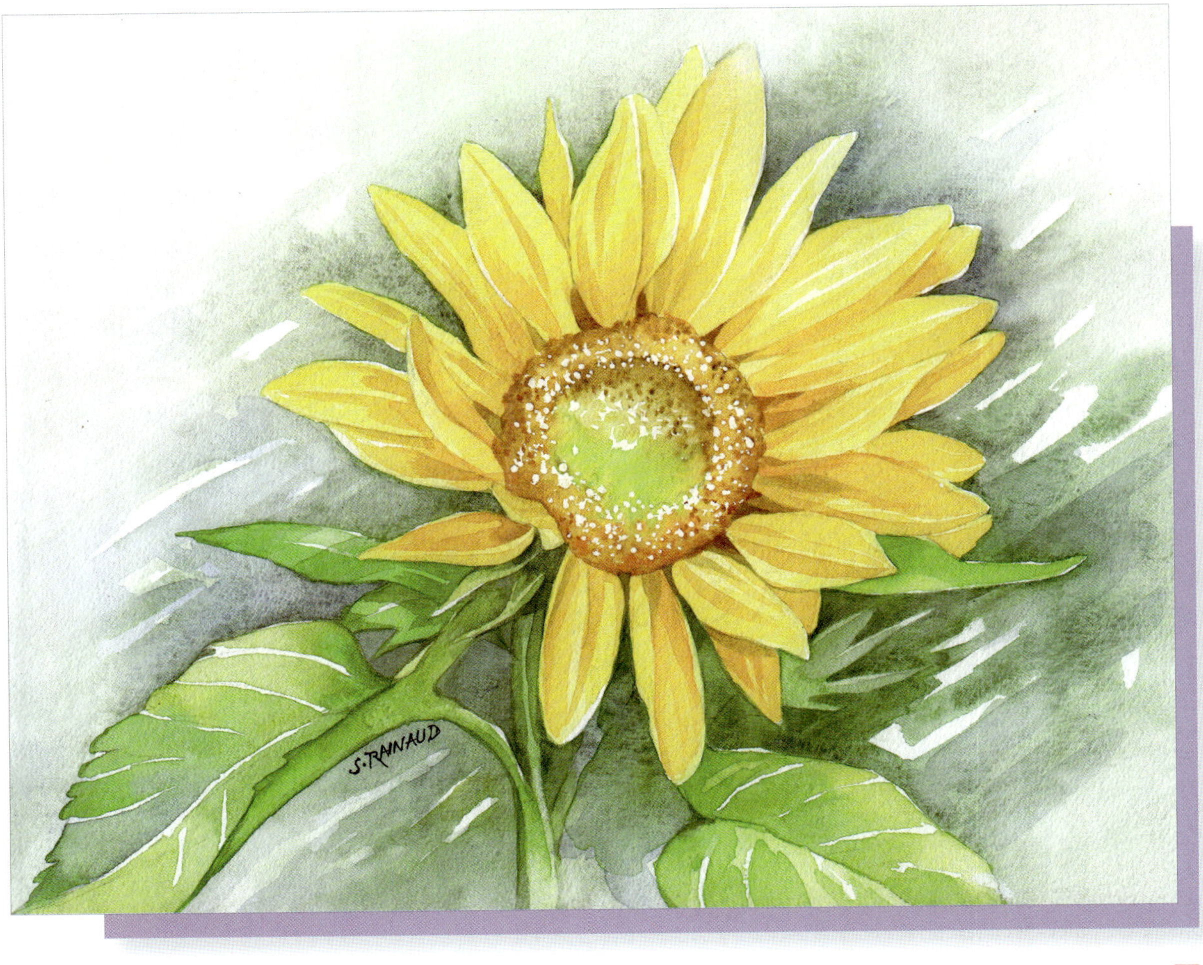

Iris mauves

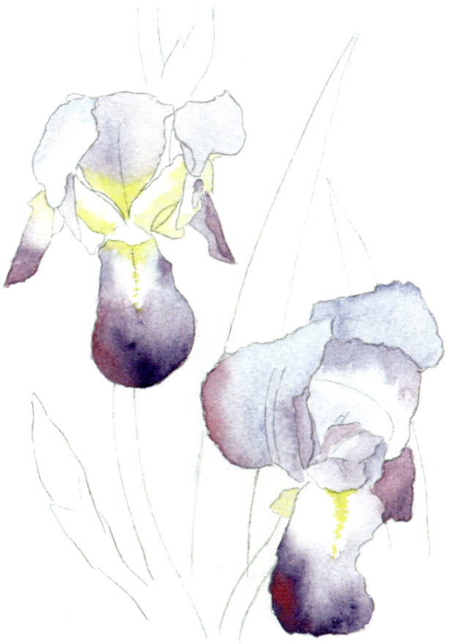

Étape 1

Vérifier que les dimensions du motif fourni correspondent bien à celles du papier aquarelle 300 g choisi. Sinon en modifier la taille en le photocopiant au taux d'agrandissement souhaité. Puis transférer les contours du dessin. Travailler lobe après lobe, en les lavant dans le frais, avec du violet outremer et du rose permanent, du violet et du bleu. Réserver en blanc le cœur de la fleur et le colorer en jaune de cadmium, alors que les autres couleurs sont encore humides.

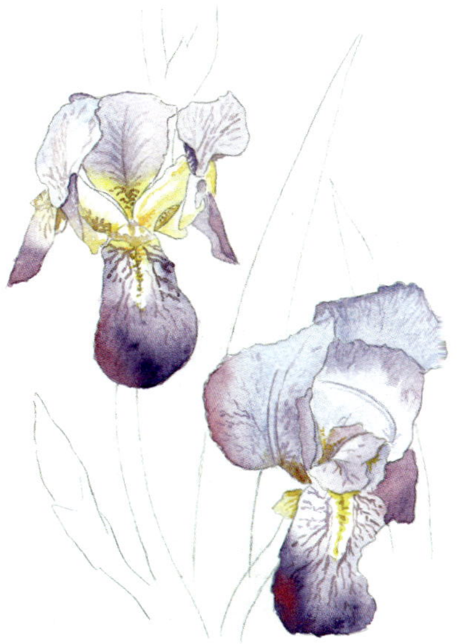

Étape 2

Laisser sécher les premiers lavis puis, à l'aide d'une pointe sèche, tracer des nervures sur chaque lobe et couler dans les creux ainsi formés du bleu et du violet dilués sur les parties violacées et du jaune et de la terre d'ombre brûlée sur les parties jaunes.

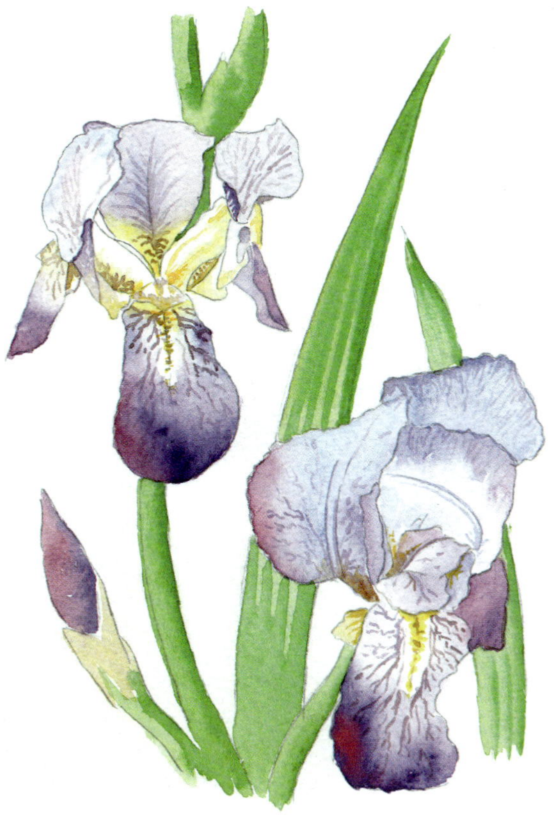

Couleurs utilisées

- Rose permanent, jaune de cadmium, gris de Payne
- Bleu de cobalt, bleu outremer, bleu de Prusse, violet outremer
- Or vert, vert de vessie
- Terre d'ombre brûlée, terre d'ombre naturelle
- Gris de Payne, jaune de cadmium, jaune indien, terre d'ombre naturelle, terre d'ombre brûlée

Étape 3

Mouiller le bouton de l'iris et son calice et les laver, respectivement, en violet tirant vers le rose et en or vert mêlé à de la terre d'ombre naturelle. Poser ensuite sur les feuilles un jus or vert à rehausser dans le frais de traînées vert de vessie, dirigées de bas en haut dans le sens de la pousse.

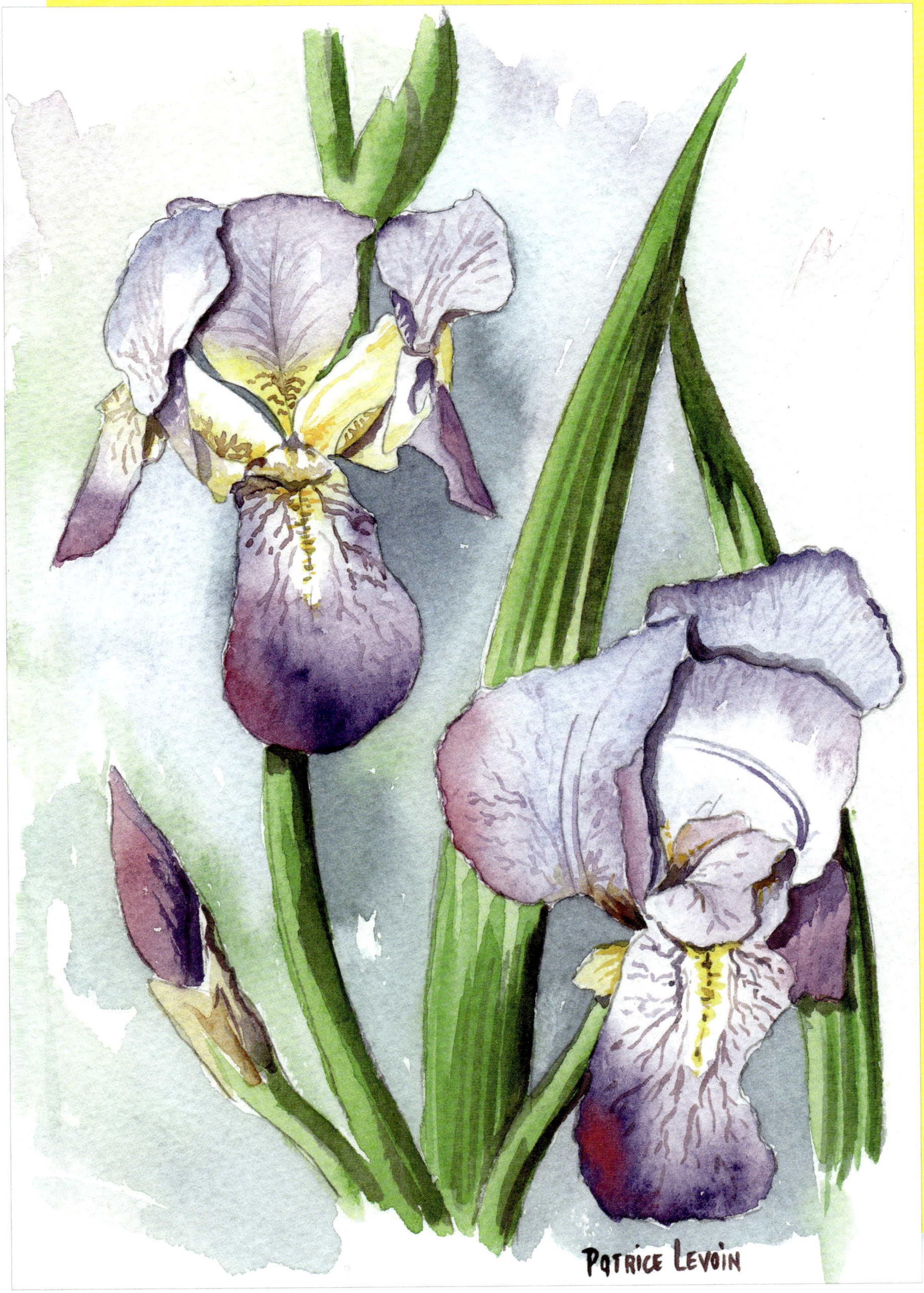

Étape 4

Ombrer le bouton avec du violet saturé et figurer les ombres portées des lobes des fleurs avec du violet mêlé d'un peu de gris. Rehausser la base des lobes et celle du bouton avec un peu de terre d'ombre brûlée. Renforcer les feuilles avec du vert assombri d'un peu de gris. Laisser sécher puis mouiller le fond et le brosser dans le frais en bleu de Prusse, gris de Payne, une pointe de rose et de vert de vessie.

Tulipes perroquets

Étape 1

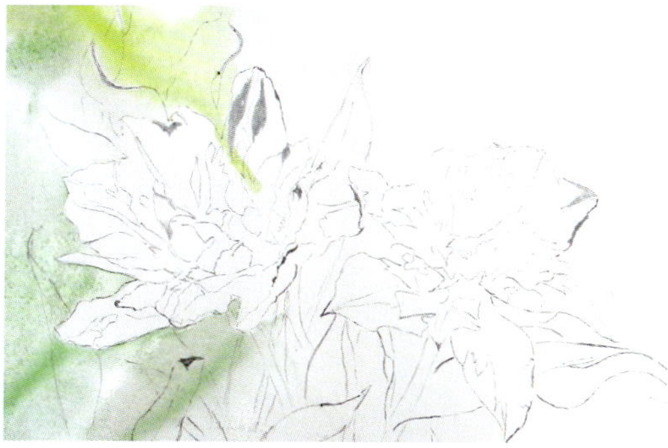

Reporter le motif fourni sur un papier très blanc, grain fin, 300 g, préalablement tendu sur une planche à dessin ou, mieux, un châssis. Réserver, comme indiqué, les petites zones de lumière au drawing-gum. Après séchage du masque, humidifier le papier à cœur sur la partie gauche, autour de la tulipe. Mouiller abondamment et laisser au support le temps d'absorber une partie de l'eau. Puis déposer du vert de vessie et du jaune transparent autour des fleurs, du bleu et du vert dans le bas, vaporiser d'une bruine d'eau, faire voyager en inclinant le papier et en laissant les couleurs se fondre quand elles se rejoignent. Laisser sécher en diagonale. Répéter l'opération de l'autre côté, en laissant de larges zones de papier vierge pour la lumière.

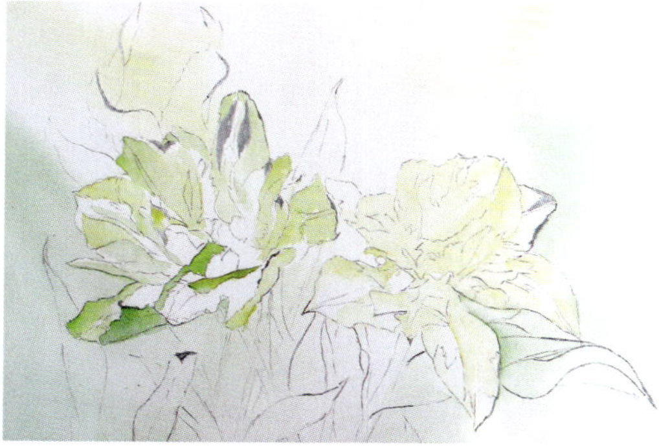

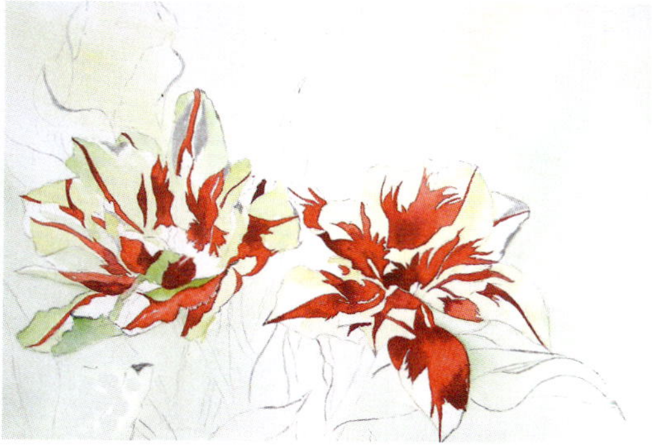

Étape 2

Sur papier sec, déposer du jaune transparent, très dilué, sur les fleurs. Quelques touches verdâtres préparent les ombres. Il faut bien observer les pleines lumières (qui devront rester blanches) et les contourner. Laisser sécher. Le rouge est une couleur délicate en aquarelle. Il faut, pour éviter de le ternir, essayer de trouver la bonne intensité dès la première application. Poursuivre le travail sur les fleurs avec la laque écarlate assez épaisse, chargée sur la pointe fine d'un gros pinceau préalablement bien mouillé. Sans attendre, introduire du rouge sombre et laisser les deux couleurs se fondre.

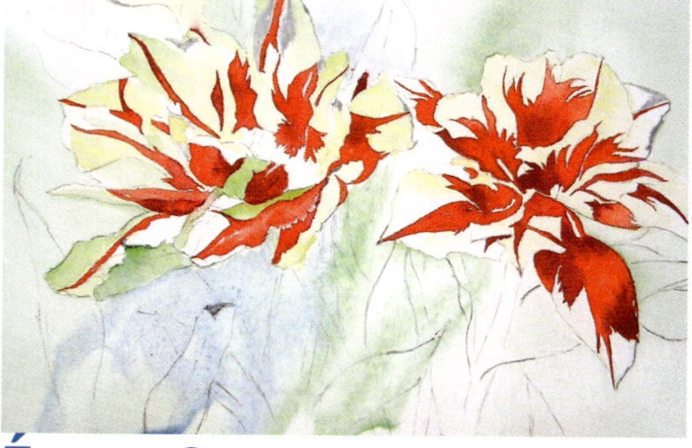

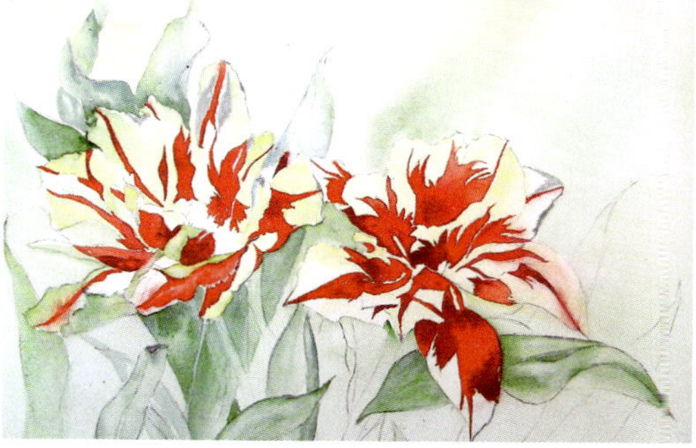

Étape 3

Remouiller le papier autour des fleurs, en haut; les contourner de quelques coups de pinceau chargé de pigment, puis laisser tomber de grosses gouttes crémeuses sur le papier, vaporiser, faire voyager... Faire de même en bas, en veillant à la continuité des espaces colorés. Ne pas s'inquiéter de l'emplacement des feuilles, les couleurs sous-jacentes participeront à leur beauté. Appliquer sur les feuilles un voile de jaune, vert et bleu (bien mouiller le pinceau, mais essorer sa pointe; prélever les trois couleurs sur l'extrémité du pinceau, en le tournant, puis les déposer sur le papier, toujours en tournant mais sans brasser). Traiter les tiges de la même façon.

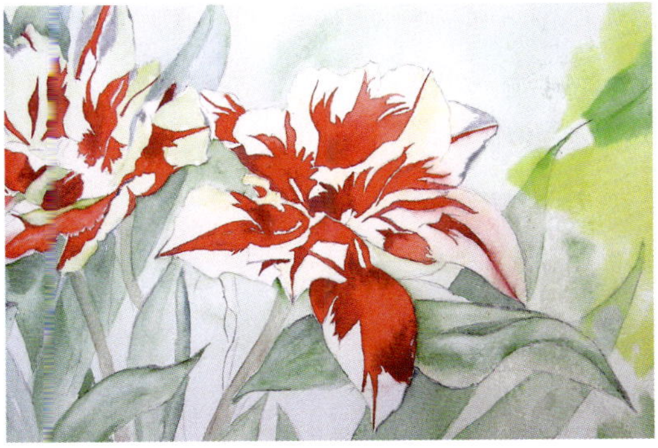

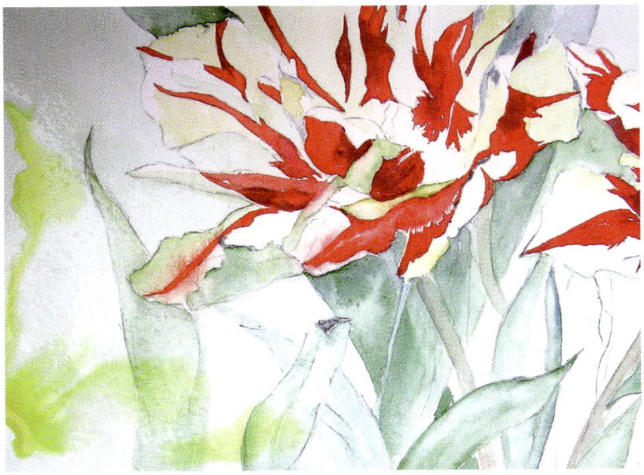

Étape 4

Faire tomber quelques grosses gouttes de jaune et de vert sur la partie inférieure droite. Vaporiser, faire voyager. Pour un aspect plus naturel, laisser couler librement mais en veillant à contourner les fleurs… Laisser sécher.

Retirer le drawing-gum. Achever les fleurs avec quelques touches d'ombre violette dans les creux, et les feuilles avec des glacis de vert, de bleu, de violet posés sur papier sec, pour les différencier.

Couleurs utilisées

- Vert de vessie
- Violet outremer
- Bleu primaire nuance rouge
- Jaune transparent
- Laque écarlate
- Rouge profond

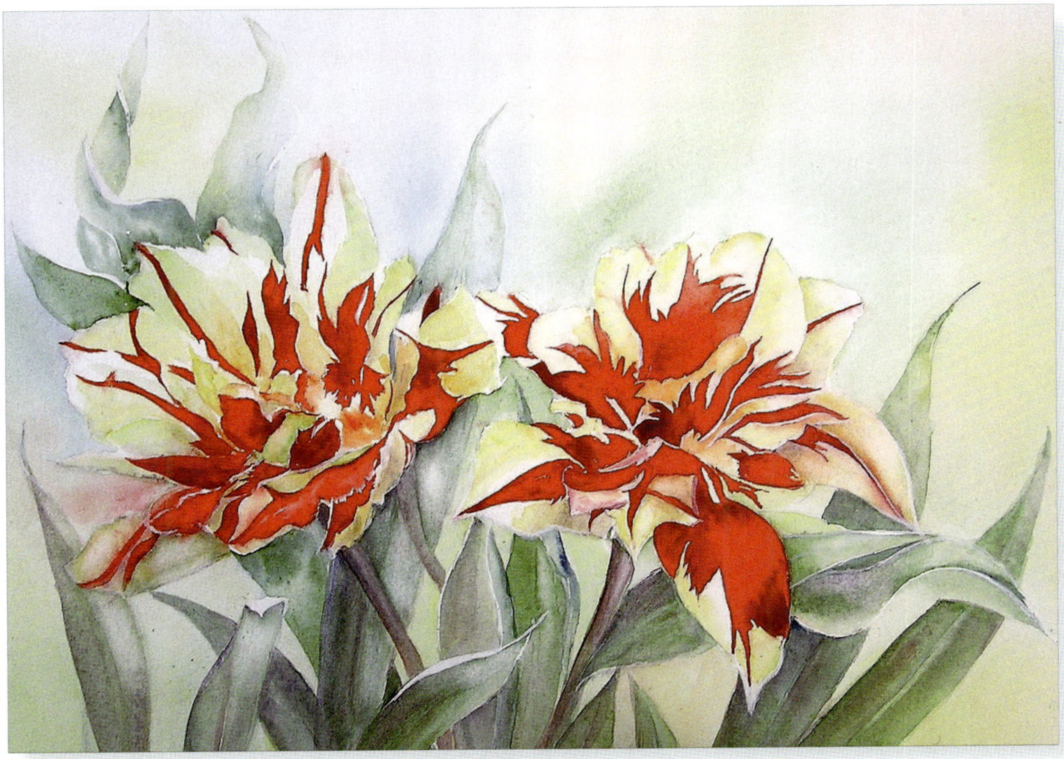

Étape 5

Reprendre des blancs lumière (ôter un peu de peinture à l'aide d'un petit pinceau-brosse mouillé, assez dur, et éponger avec un papier absorbant). Contrairement aux parties réservées au drawing-gum, qui sont très nettes, cela crée une lumière diffuse, très douce et naturelle. Puis, passer un jus rougeâtre sur les tiges pour les faire avancer.

Parterre de pensées

Étapes 1 et 2

Adapter le motif fourni aux dimensions du papier aquarelle 300 g choisi, en en modifiant éventuellement la taille à la photocopieuse. Reporter ensuite le dessin à l'aide d'un crayon gras 2B et d'une pointe sèche. Puis appliquer du drawing-gum autour des cœurs et sur le contour des pétales. Laisser sécher.

Mouiller les feuilles et les fleurs et les laver avec des jus transparents qui serviront de base aux applications à venir : prévoir du jaune de cadmium pour la majorité des feuilles et deux fleurs ; de l'or vert pour les feuilles à droite. Couler sur les pétales humides du rose, du rose + alizarine, du violet outremer. Pour les pensées blanches, placer les premières ombres en gris de Payne mêlé de terre d'ombre naturelle, le tout largement détrempé.

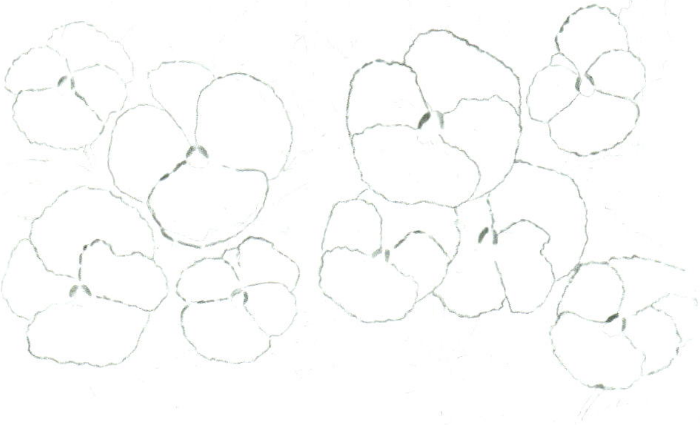

Couleurs utilisées

- Alizarine cramoisie, rose permanent
- Bleu outremer, violet outremer, or vert, vert olive, gris de Payne, indigo
- Jaune de cadmium, jaune indien, jaune de cadmium orange, terre d'ombre naturelle, terre de Sienne brûlée

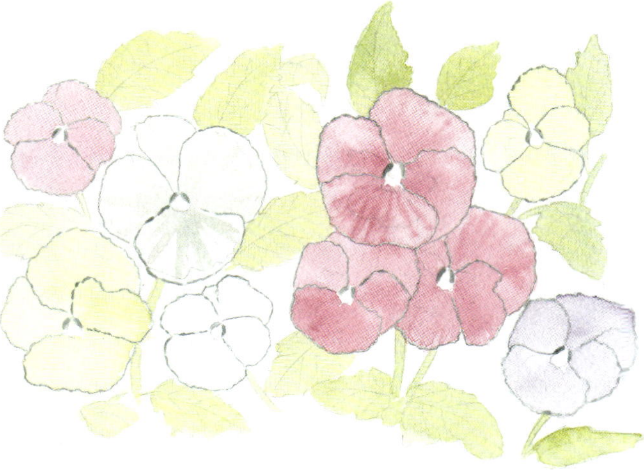

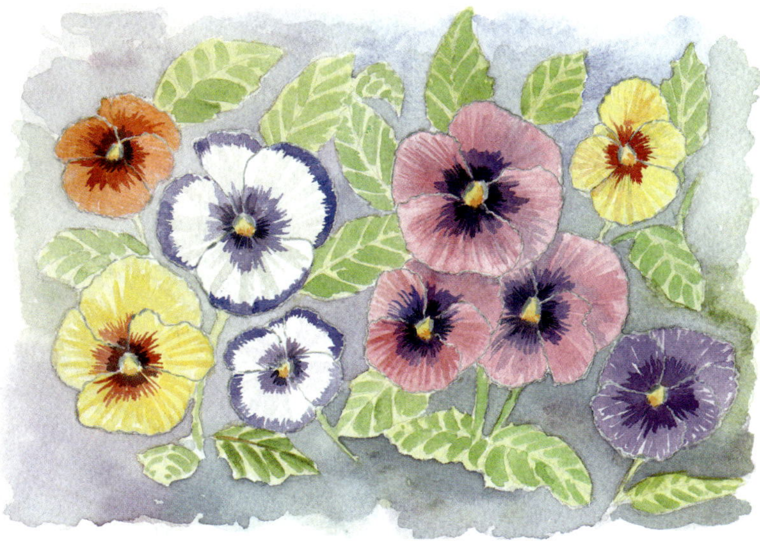

Étape 3

Rehausser le cœur des fleurs de jaune indien et de jaune de cadmium orange. Ourler la base et la périphérie des pétales blancs avec du violet et du bleu plutôt concentrés. Tracer sur les autres pétales des stries rayonnantes avec des teintes saturées : alizarine, violet, jaune indien, jaune de cadmium orange... Superposer ensuite sur les feuilles du vert olive. Laisser sécher puis mouiller le fond et le brosser, dans le frais, en gris de Payne, violet avec une pointe de rose. Laisser les couleurs se fondre entre elles.

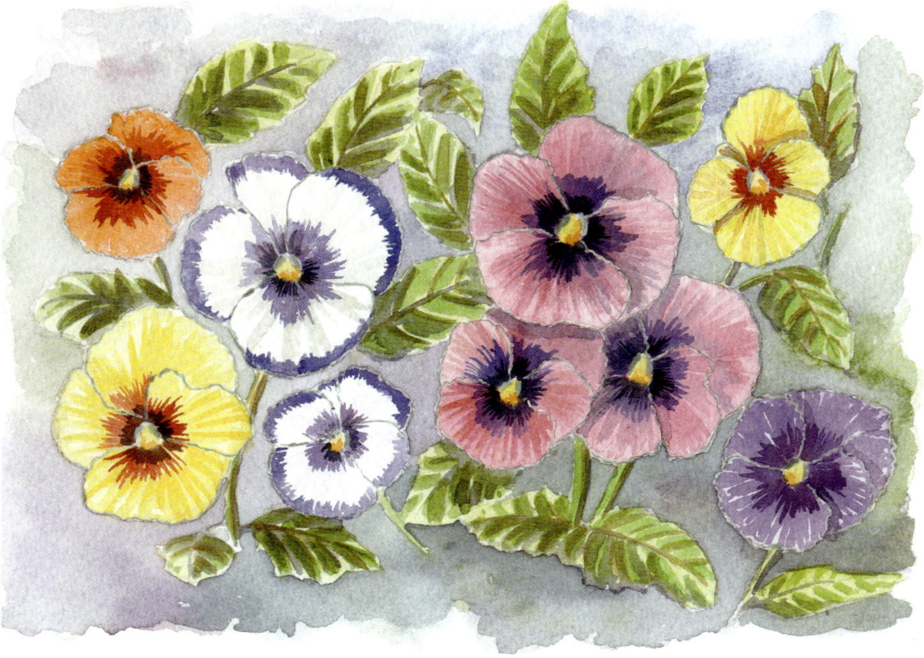

Étapes 4 et 5

Contraster les teintes des feuilles avec du vert olive plus saturé. Ombrer les fleurs avec des lavis transparents indigo ou terre de Sienne brûlée. Renforcer ensuite le fond, pour équilibrer le tableau, en y ajoutant des voiles violets, gris de Payne et vert olive. Faire quelques retouches au niveau du feuillage si nécessaire. Quand toutes les couleurs sont complètement sèches, retirer soigneusement le drawing-gum.

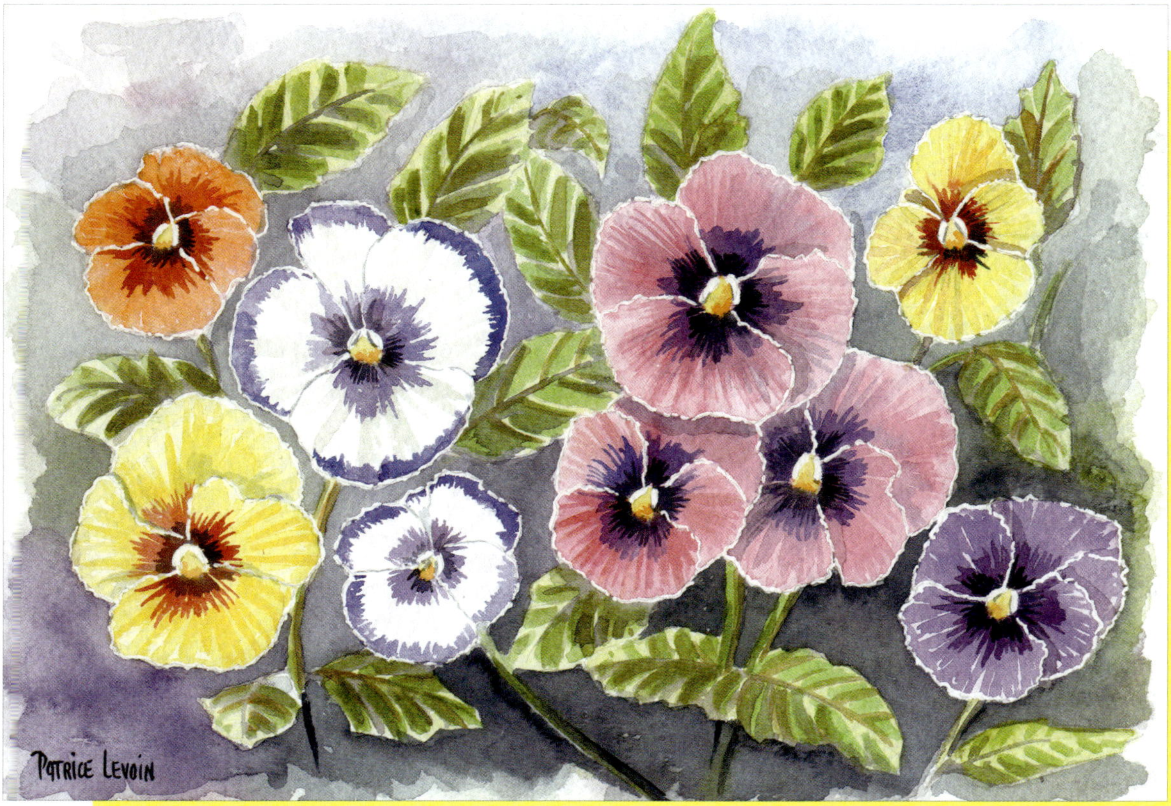

Pétunias bleus

Étape 1

S'assurer que le motif fourni a les dimensions correspondant au papier aquarelle 300 g choisi. En modifier éventuellement la taille à la photocopieuse. Transférer ensuite les contours du dessin à l'aide d'un crayon gras 2B et d'une pointe sèche. Appliquer sur les corolles des lavis bleus et violet outremer. Dans le frais, créer des sillons en marquant le papier avec une pointe sèche pour figurer les nervures : en s'y coulant les pigments donnent naissance à des traits fins très réalistes.

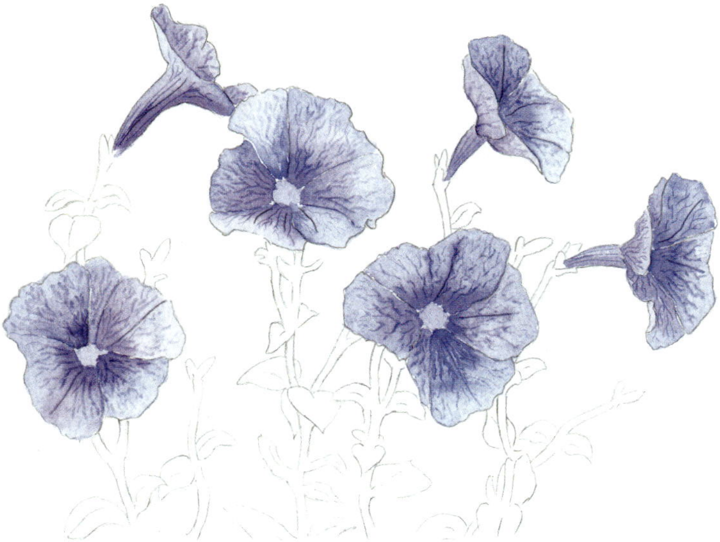

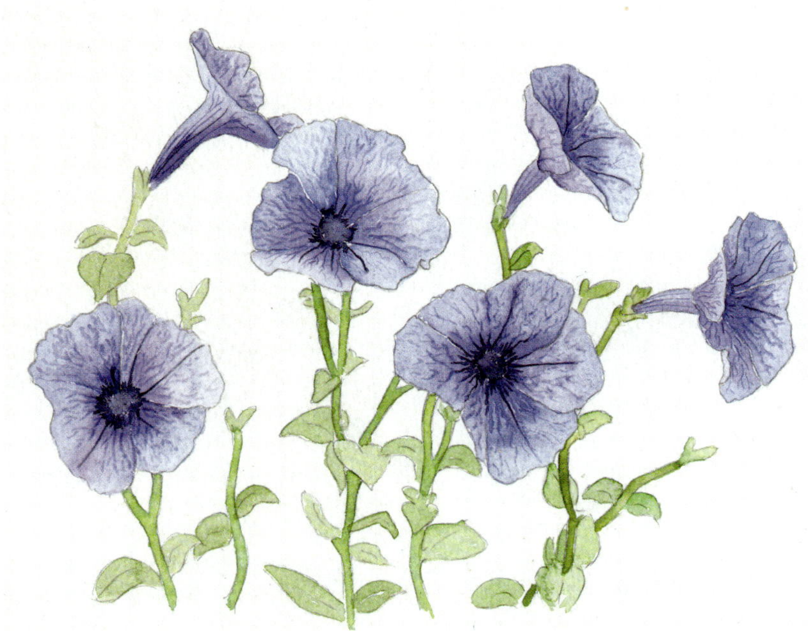

Étape 2

Avec du violet outremer concentré, rehausser le cœur des fleurs, puis laver les tiges en vert de vessie nuancé de jaune de cadmium et les feuilles en vert olive détrempé. Mouiller au préalable, avec un pinceau fin et de l'eau claire, chaque motif à teinter ; on obtient ainsi des mélanges fondus des plus naturels.

Étapes 3 et 4

Lorsque toutes les couleurs sont sèches, humidifier la partie inférieure du fond et le brosser, dans le frais, avec du rose permanent, du violet outremer et du vert de vessie mêlé de gris de Payne. Le tout en teintes diluées et légères.

Après séchage, renforcer les zones d'ombre des tiges et du feuillage avec des mélanges d'or vert, de vert olive et de gris de Payne. Contraster aussi un peu le cœur des fleurs avec quelques touches violettes.

Couleurs utilisées

- Rose permanent
- Bleu outremer
- Violet outremer
- Or vert
- Vert olive
- Vert de vessie
- Gris de Payne
- Jaune de cadmium

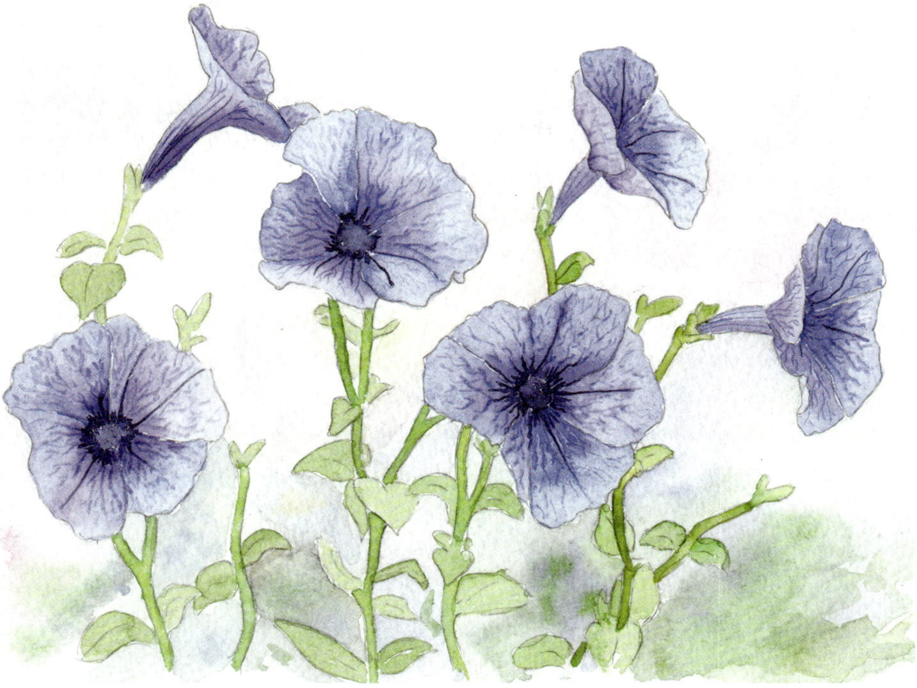

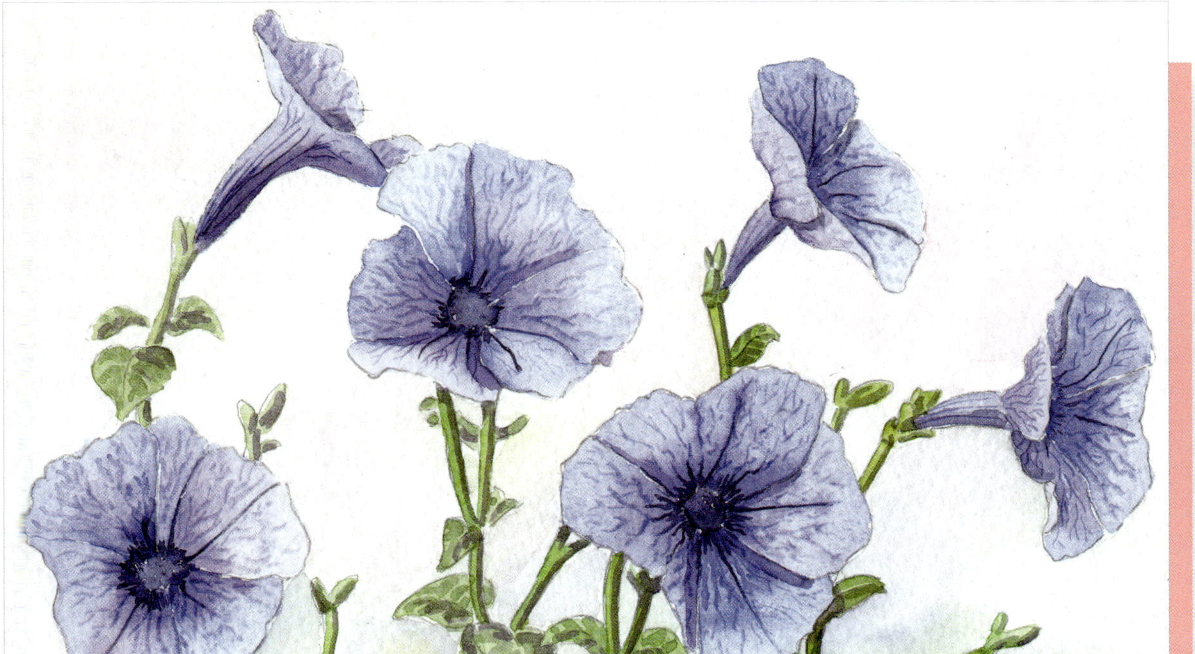
PATRICE LEVOIN

Grappes de glycine

Étape 1

Transférer le motif de la glycine sur une feuille de papier grain fin 300 g, préalablement tendue sur une planche à dessin ou un châssis. Poser du drawing-gum sur les parties des pétales qui doivent rester blanches. Puis, après séchage, mouiller le fond et y couler de la terre de Sienne naturelle, du jaune auréoline et un mélange violet (cobalt + magenta), comme indiqué. Laisser sécher.

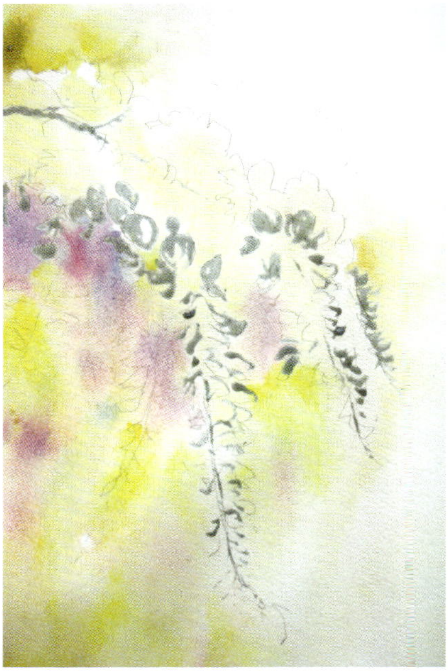

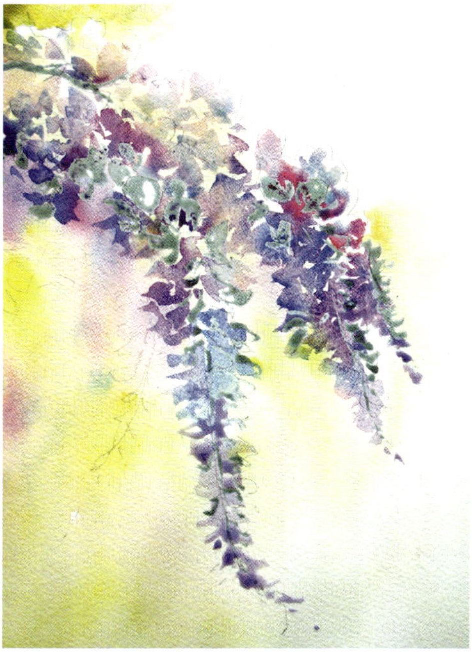

Étape 2

Appliquer le premier jus des grappes de glycine ; le faire dans le mouillé pour que les couleurs fusent les unes dans les autres. Penser à laisser des espaces blancs pour que l'on distingue les pétales. Ce travail se fait de haut en bas, avec du bleu de cobalt, du magenta et du violet.

Étapes 3 et 4

Mouiller le fond supérieur en contournant les grappes et y poser du violet et de l'outremer.
Puis peindre les grappes situées dans l'ombre en faisant fuser les couleurs (outremer, violet, magenta). Laisser sécher.

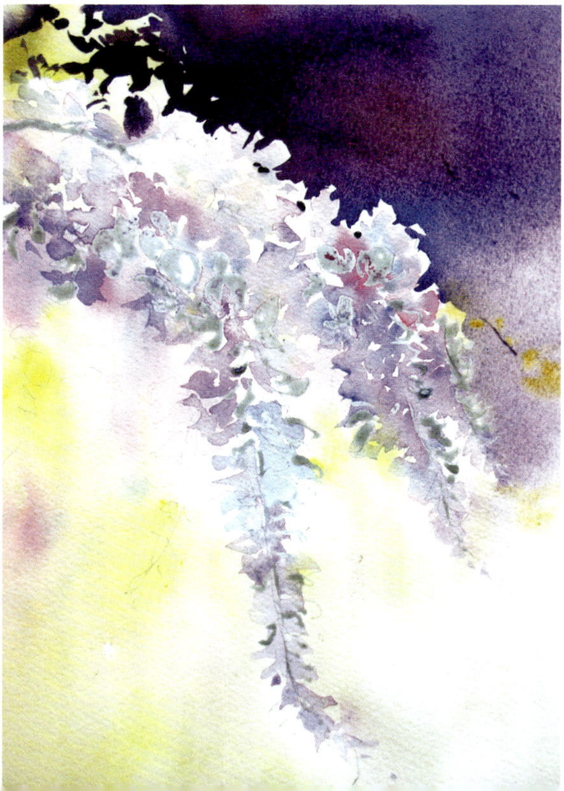

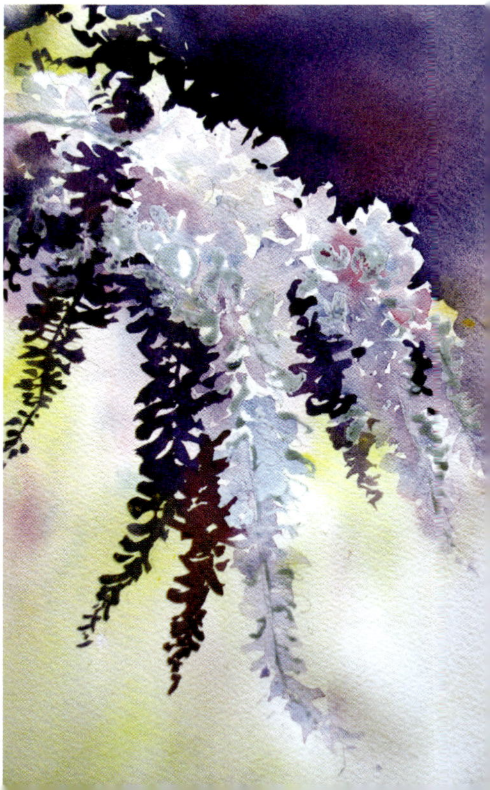

Étapes 5 et 6

Retirer le drawing-gum. Reprendre les grappes de glycine du premier plan en rajoutant quelques contrastes dans les mêmes tons.

Ajuster les tonalités et c'est le moment de rajouter des détails, branches et pétales, ombres, etc.

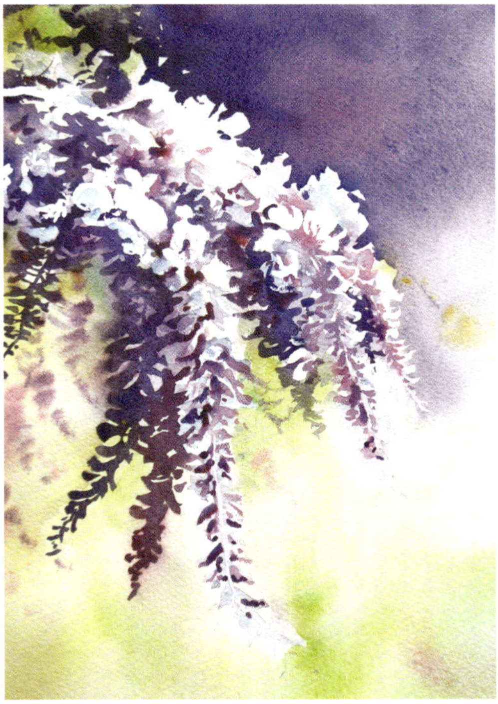

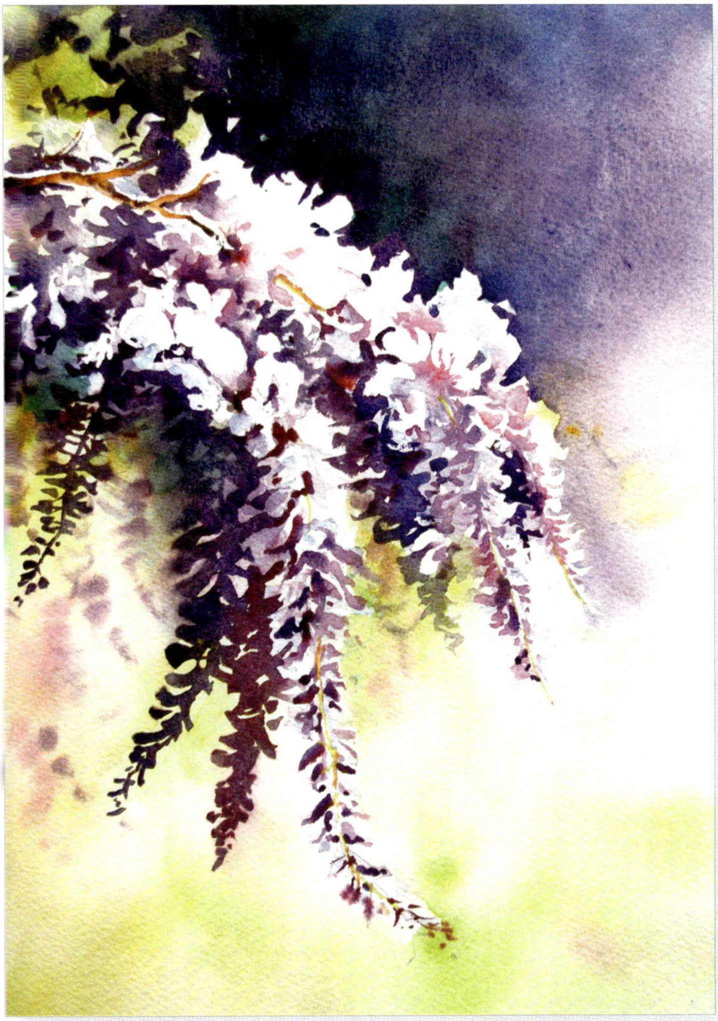

Couleurs utilisées

- Bleu outremer
- Bleu cobalt
- Jaune auréoline
- Violet Winsor
- Terre de Sienne naturelle
- Quinacridone magenta
- Alizarine cramoisie
- Vert

Nénuphars dans la mare

Étapes 1 et 2

Vérifier que les dimensions du motif fourni correspondent bien à celles du papier aquarelle 300 g choisi. Sinon en modifier la taille en le photocopiant au taux d'agrandissement souhaité. Puis transférer les contours du dessin. Poser ensuite les premières ombres sur les pétales blancs : des lavis transparents, très légers, de violet et terre d'ombre naturelle, à appliquer sur chaque pétale de bas en haut.
Renforcer les jus de base en appliquant des lavis plus contrastés.

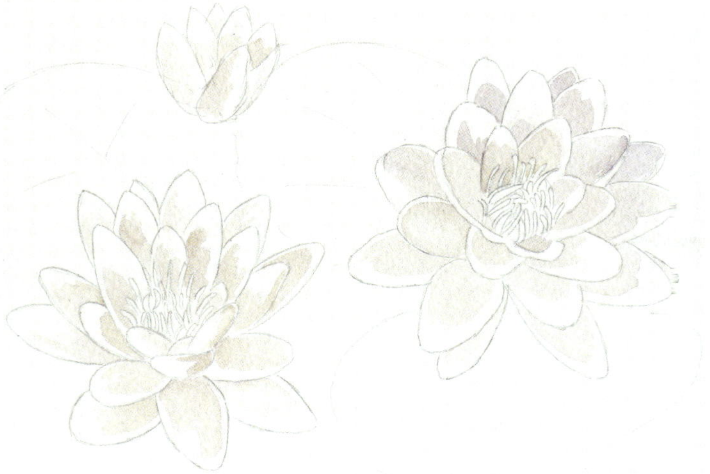

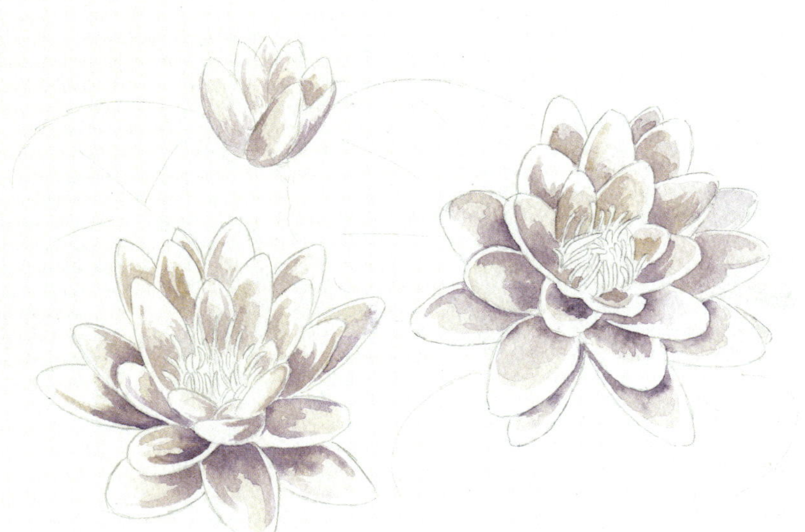

Couleurs utilisées

- Violet Winsor
- Bleu céruléum
- Bleu de Prusse
- Vert olive
- Gris de Payne
- Jaune Winsor
- Jaune indien
- Red gold lake
- Terre d'ombre naturelle
- Terre d'ombre brûlée

CONSEIL

Les pétales prennent forme avec la superposition des lavis successifs. Avant d'ajouter une nouvelle ombre, s'assurer qu'elle est bien nécessaire.

Étape 3

Peindre ensuite les étamines en jaune indien. Les rehausser après séchage de jaune mêlé de red gold lake. Ombrer ensuite chaque cœur afin de mettre en valeur chaque étamine : utiliser pour ce faire un mélange de jaune Winsor et violet Winsor.

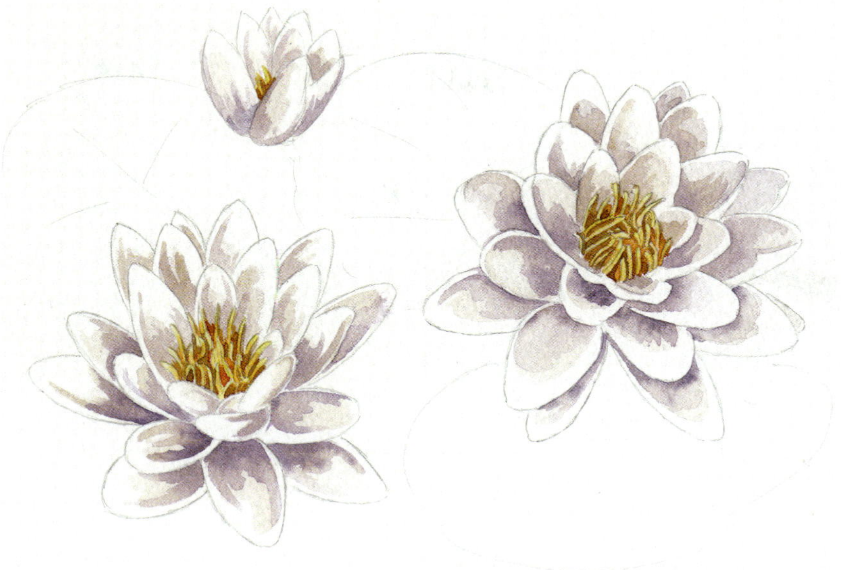

Étape 4

Mouiller les feuilles en réservant des blancs puis les laver par traînées en vert olive. Laver le fond, dans le frais, en bleu céruléum et bleu de Prusse. Après séchage, distribuer les ombres en superposant aux endroits indiqués des lavis plus contrastés de bleu et gris de Payne pour le fond ; de vert olive mêlé de bleu ou de gris pour les ombres portées sur les feuilles.

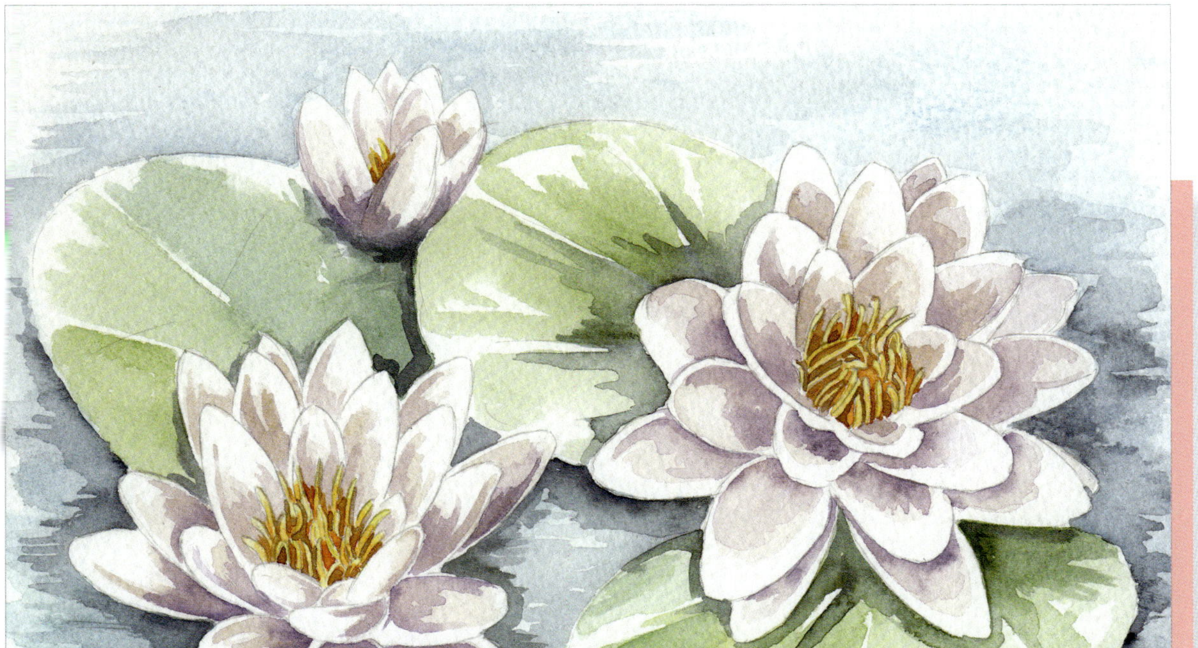

Report des motifs : mode d'emploi

Tous les dessins des aquarelles sont réunis ici, plus ou moins réduits. Pour les reporter, procéder comme suit :

- *s'assurer que les dimensions du motif correspondent bien au format du papier aquarelle 300 g choisi. En modifier éventuellement la taille en le photocopiant au taux d'agrandissement souhaité ;*
- *repasser au crayon gras (type 2B ou 3B), sur l'envers, les contours imprimés du dessin. Poser l'esquisse sur le papier aquarelle et la fixer au ruban adhésif repositionnable ;*
- *repasser soigneusement sur les contours du dessin avec un stylet ou une pointe sèche, afin de le reproduire sur le papier aquarelle.*

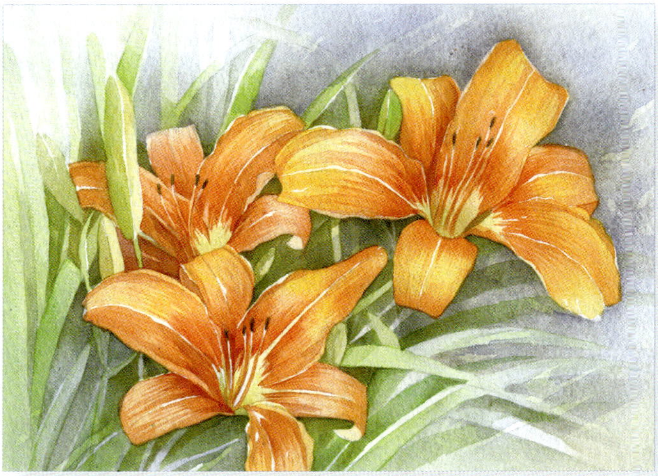

Lis orange p. 10

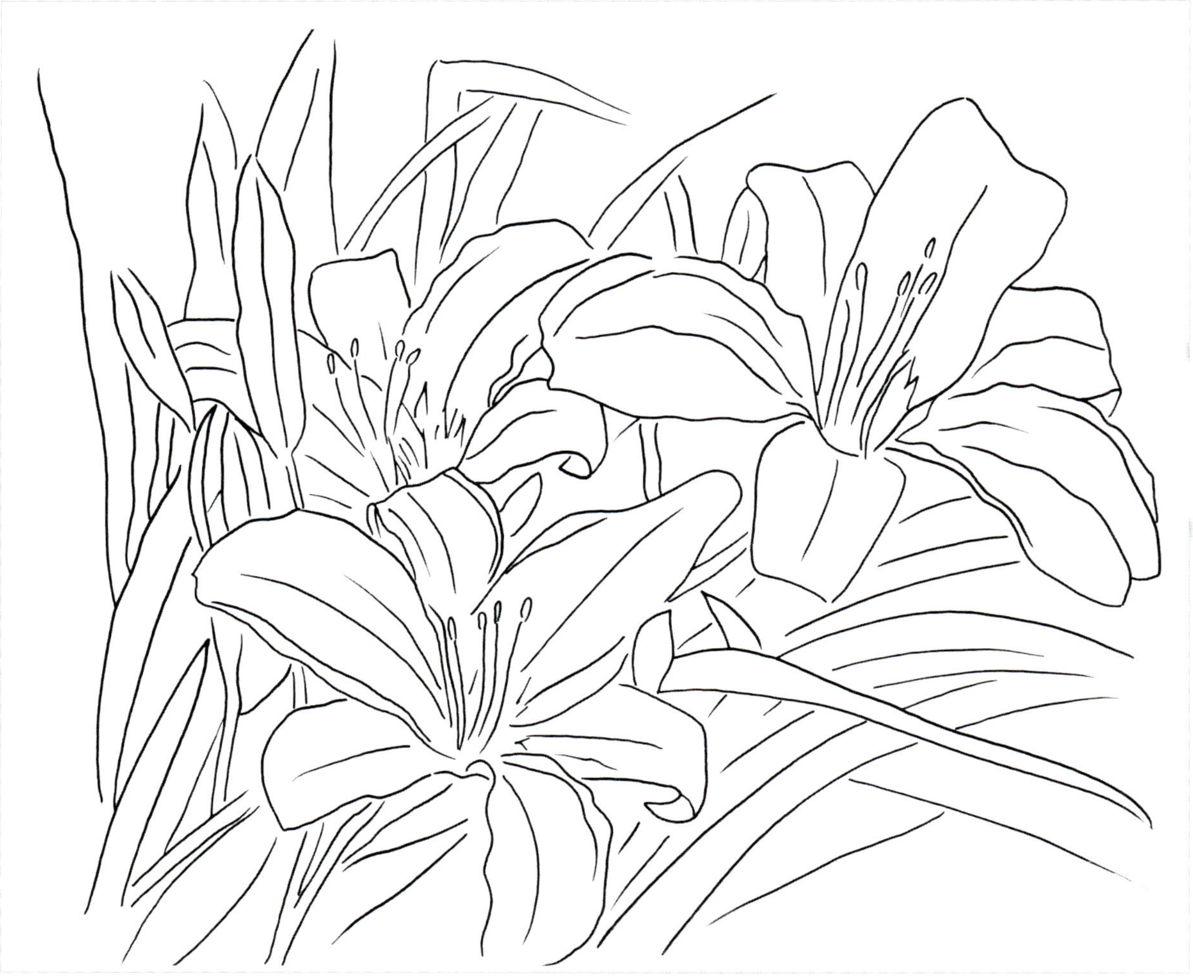

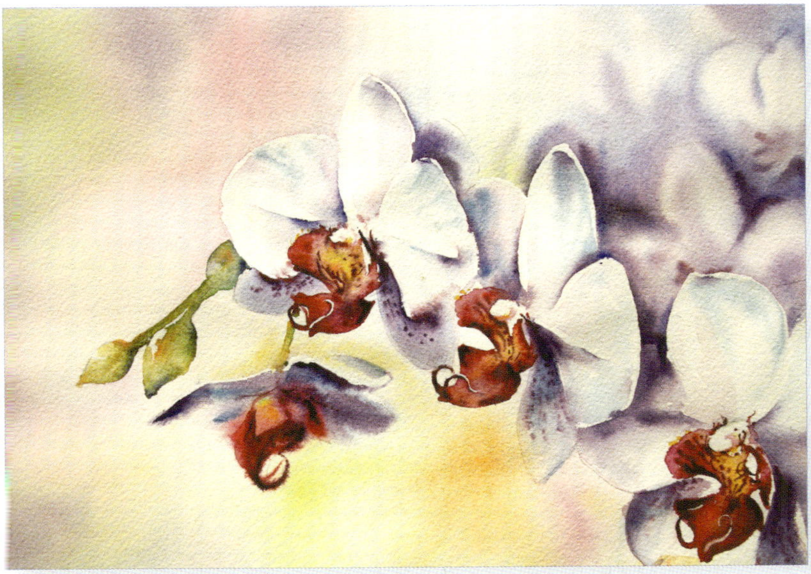

Belles orchidées p. 12

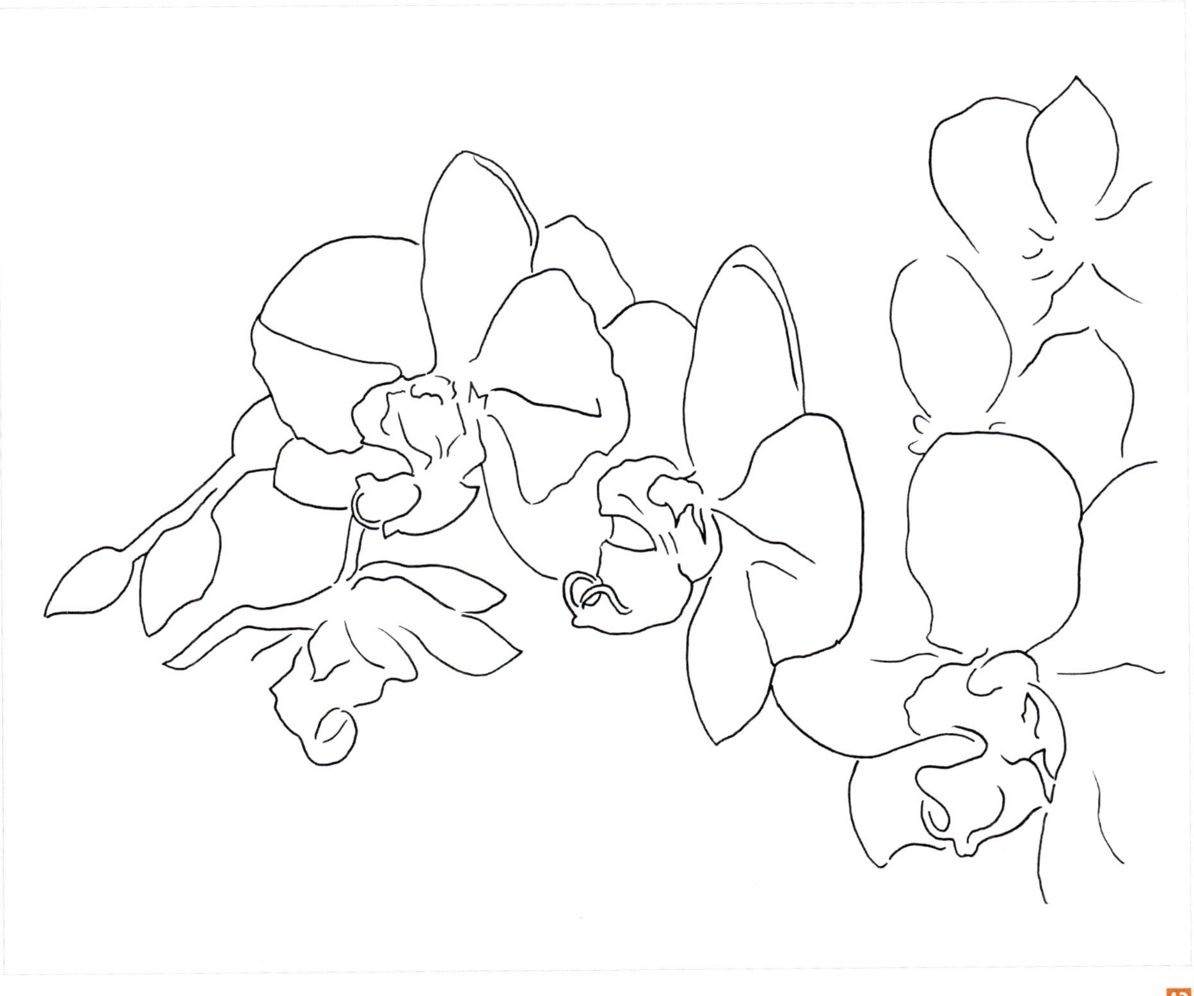

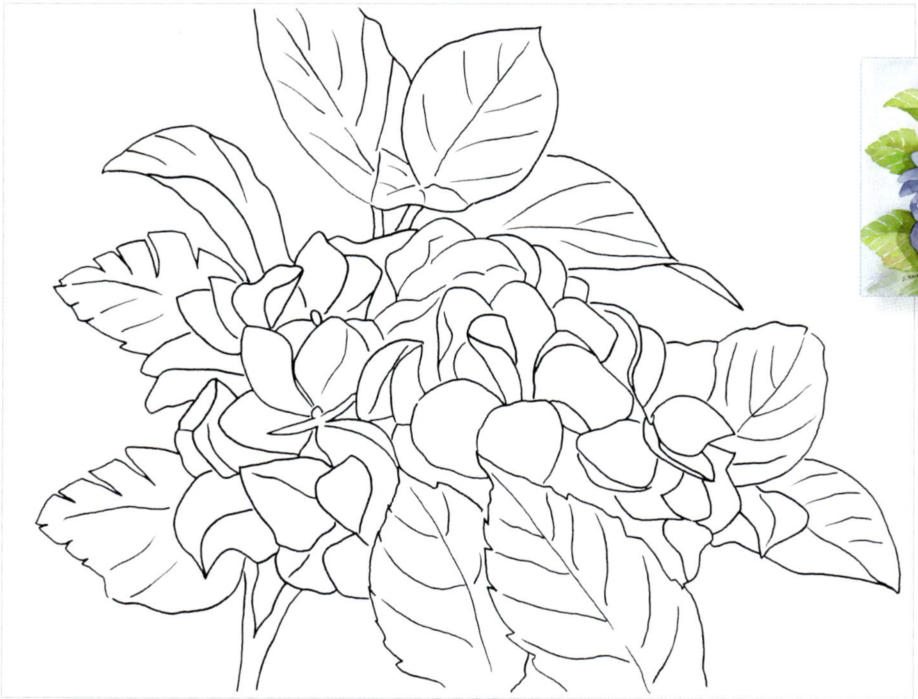

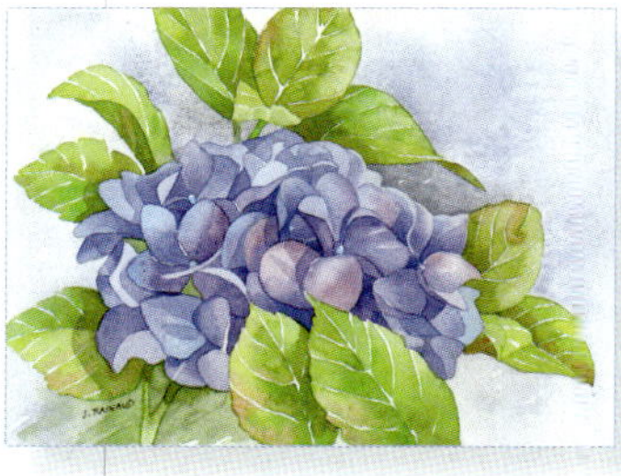

Fleur d'hortensia p. 14

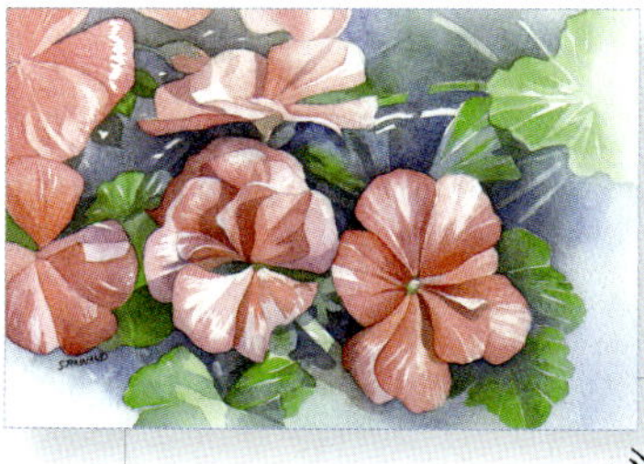

Bouquet de géranium p. 16

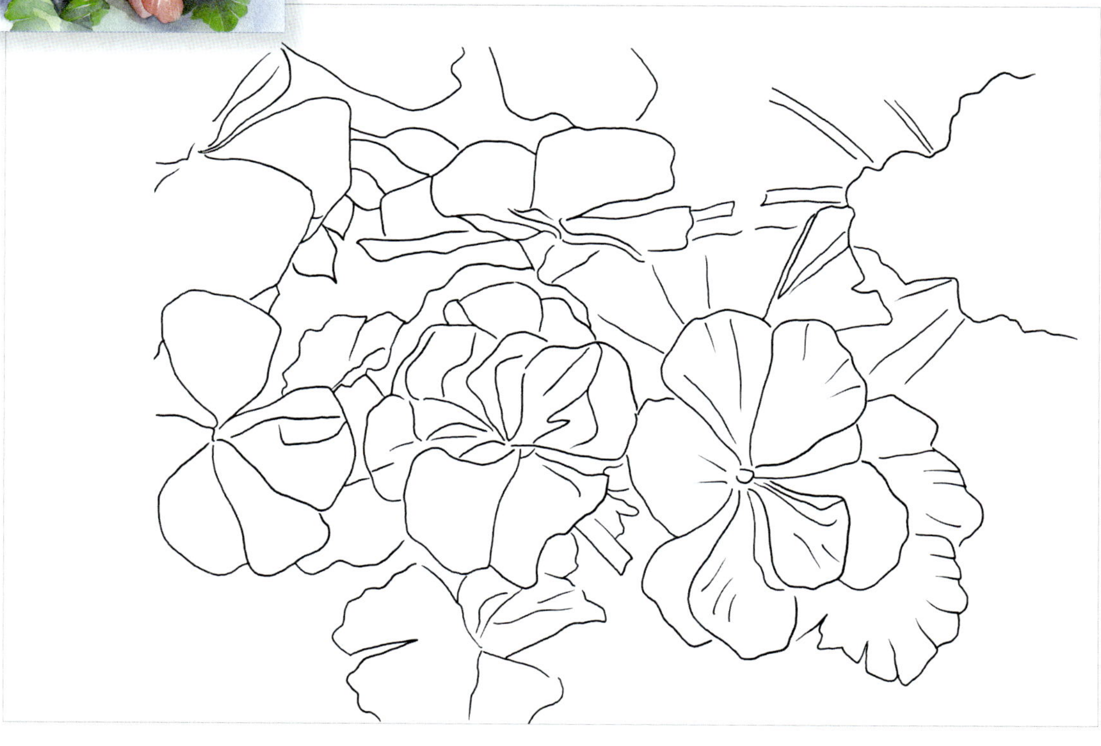

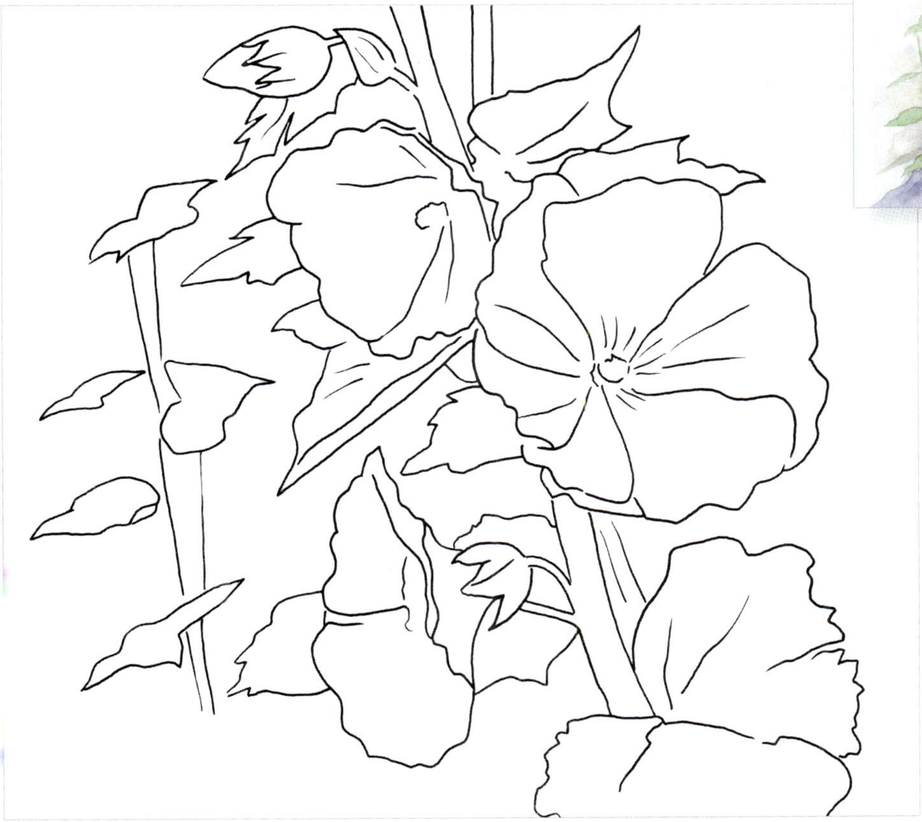

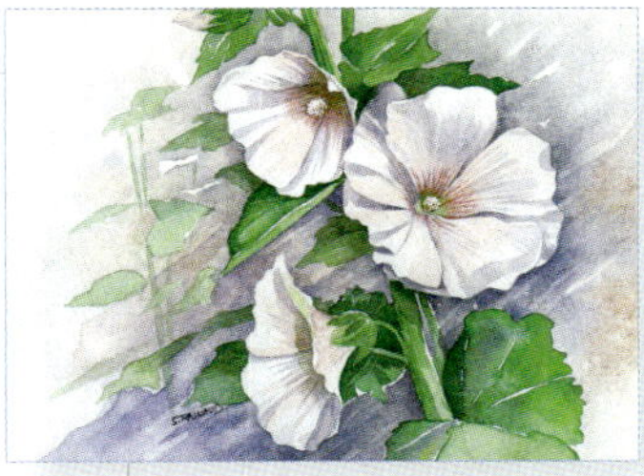

Roses trémières p. 18

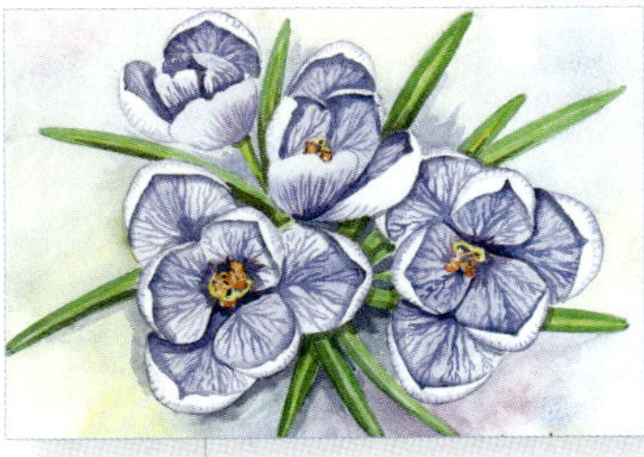

Crocus du printemps p. 20

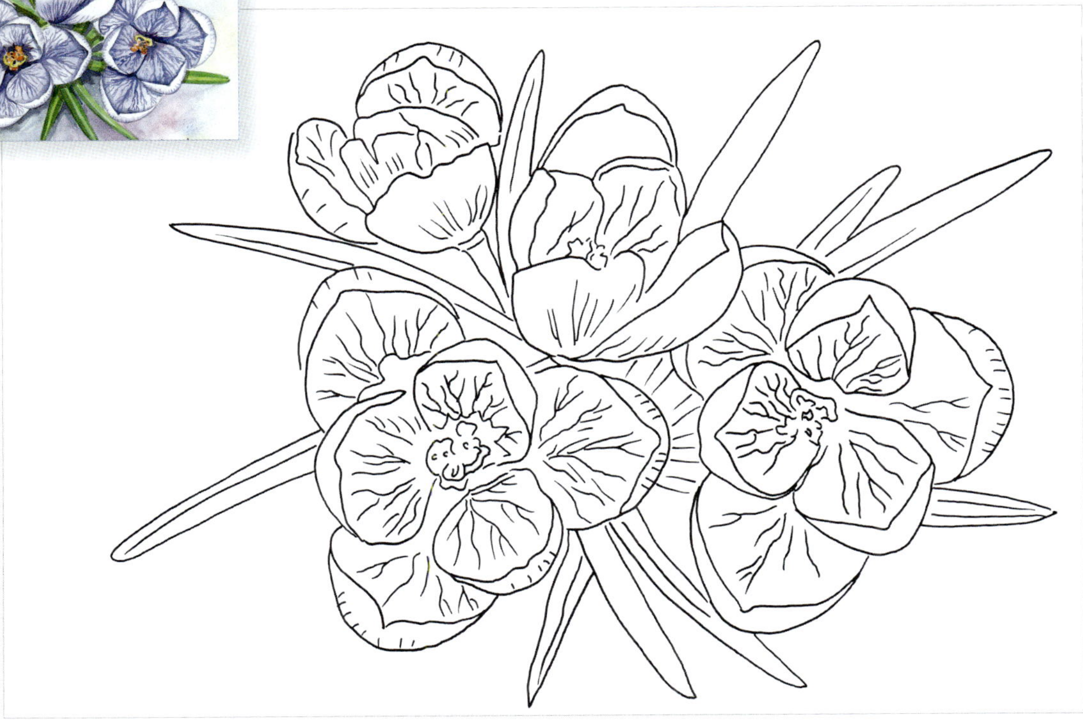

Amandier en fleur p. 22

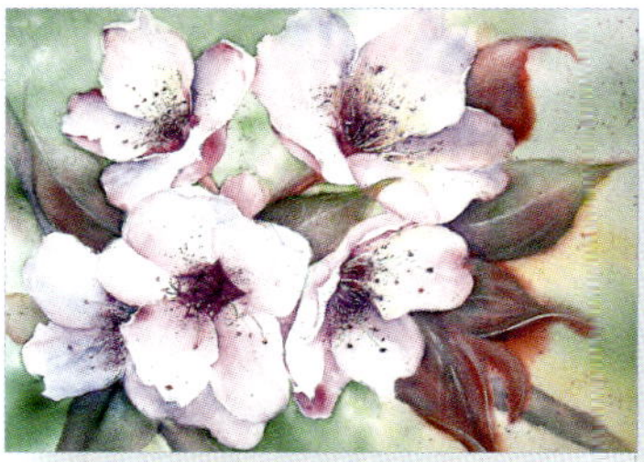

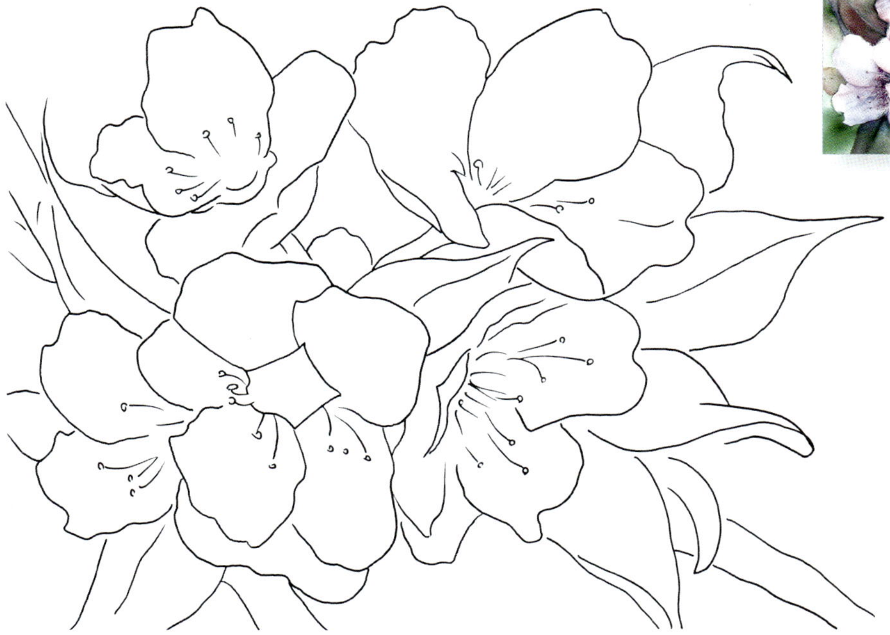

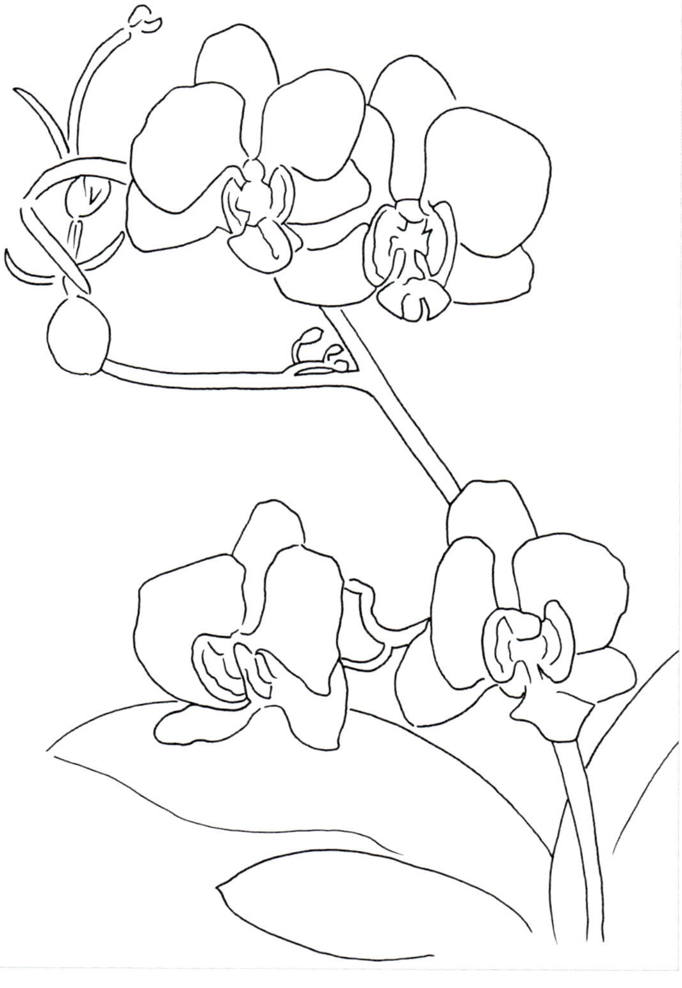

Fleurs d'orchidée p. 25

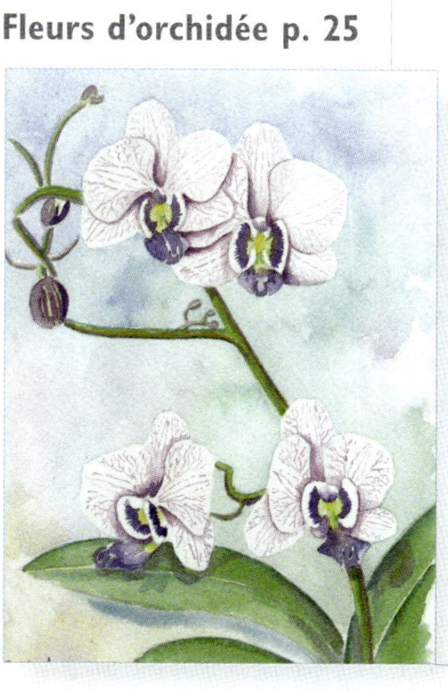

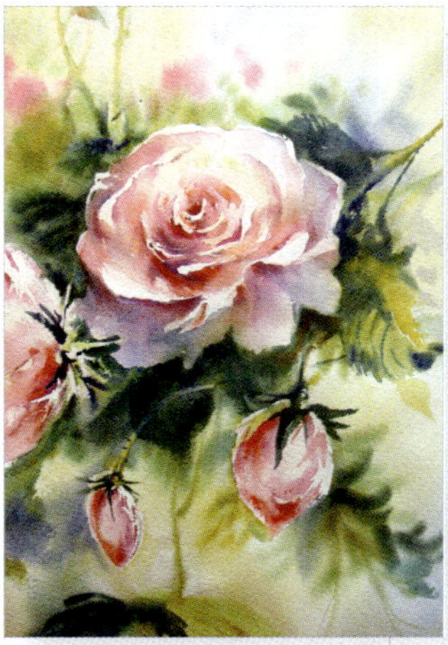

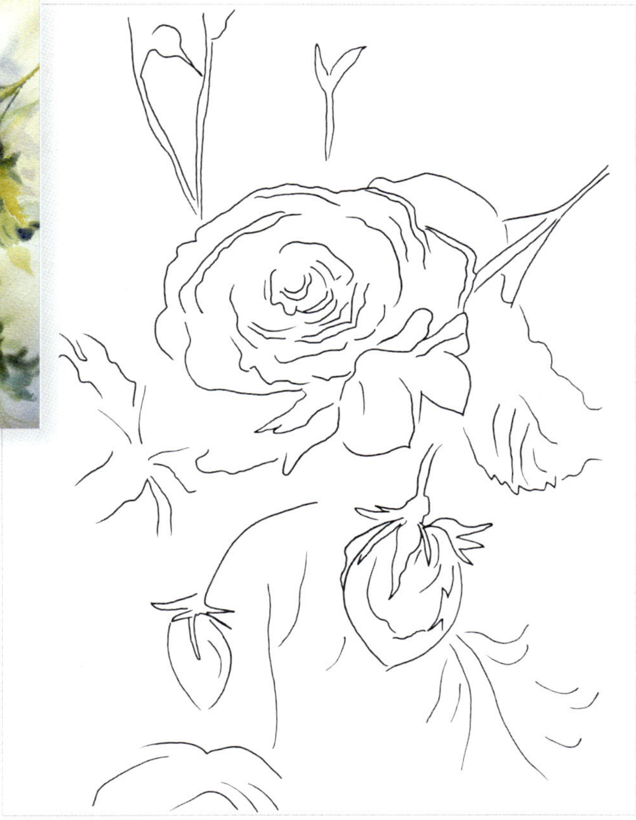

Roses anciennes p. 26

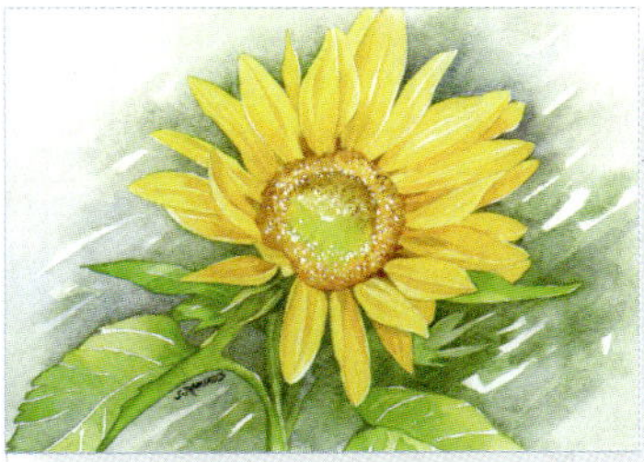

Fleur de tournesol p. 28

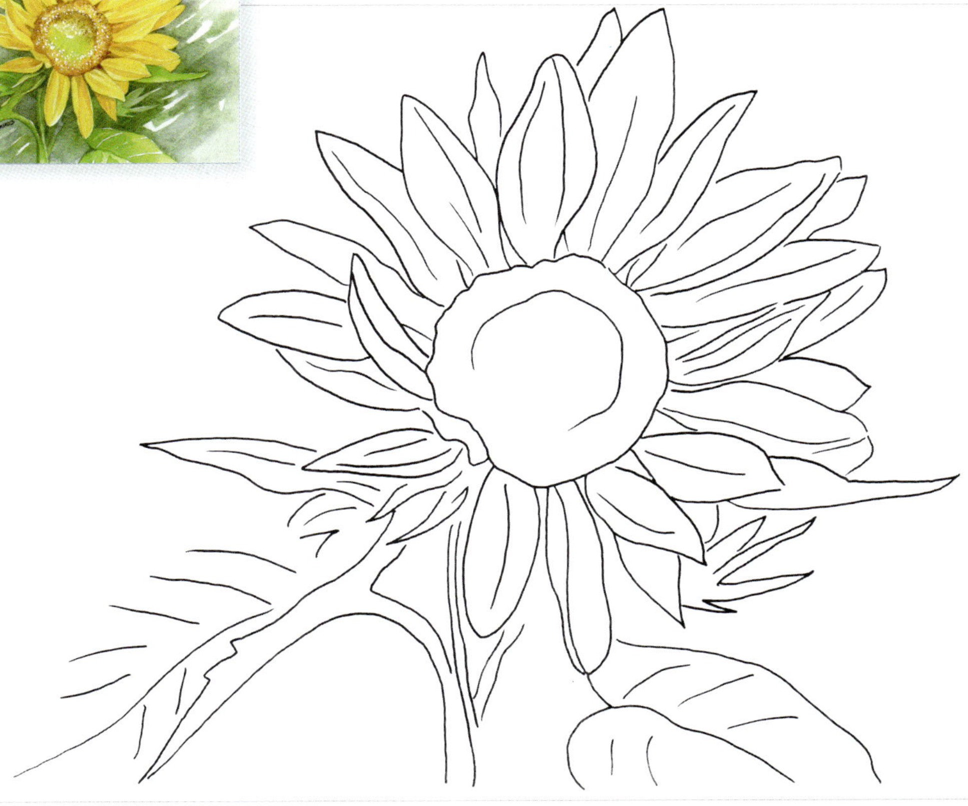

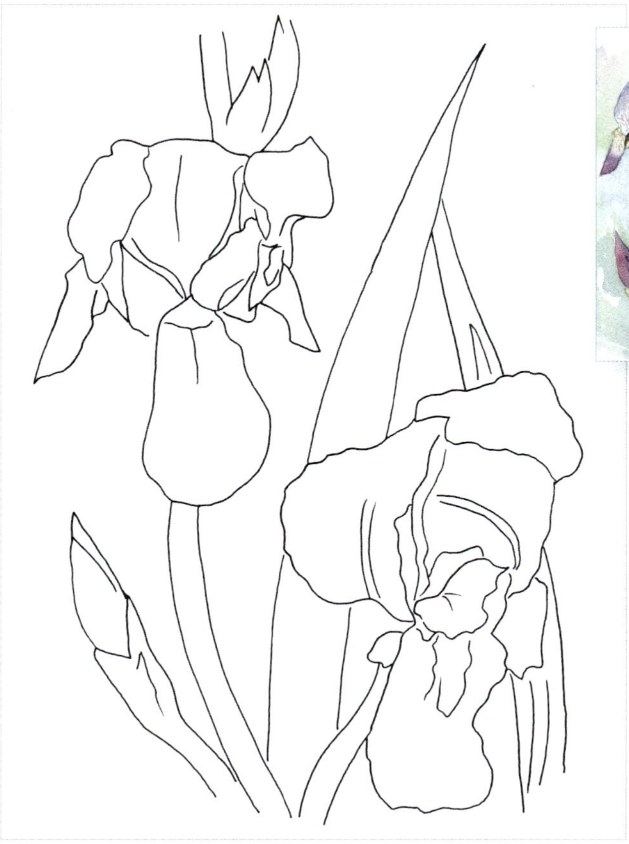

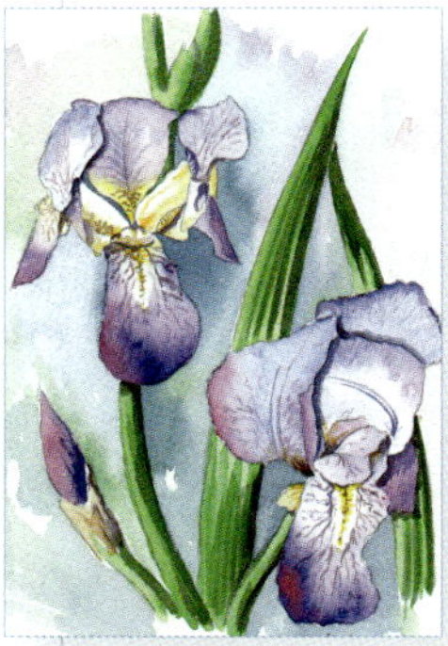

Iris mauves p. 30

Tulipes perroquets p. 32

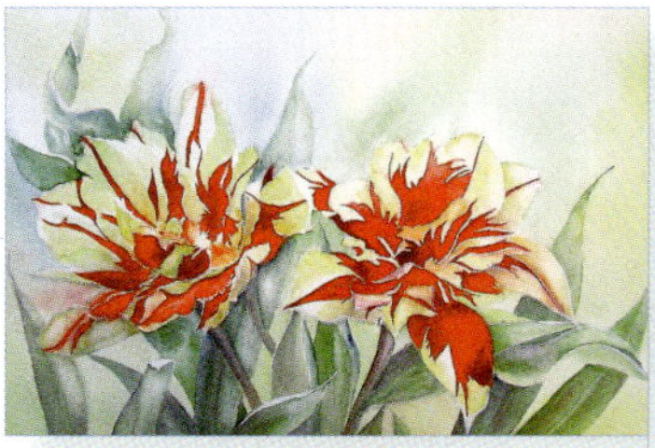

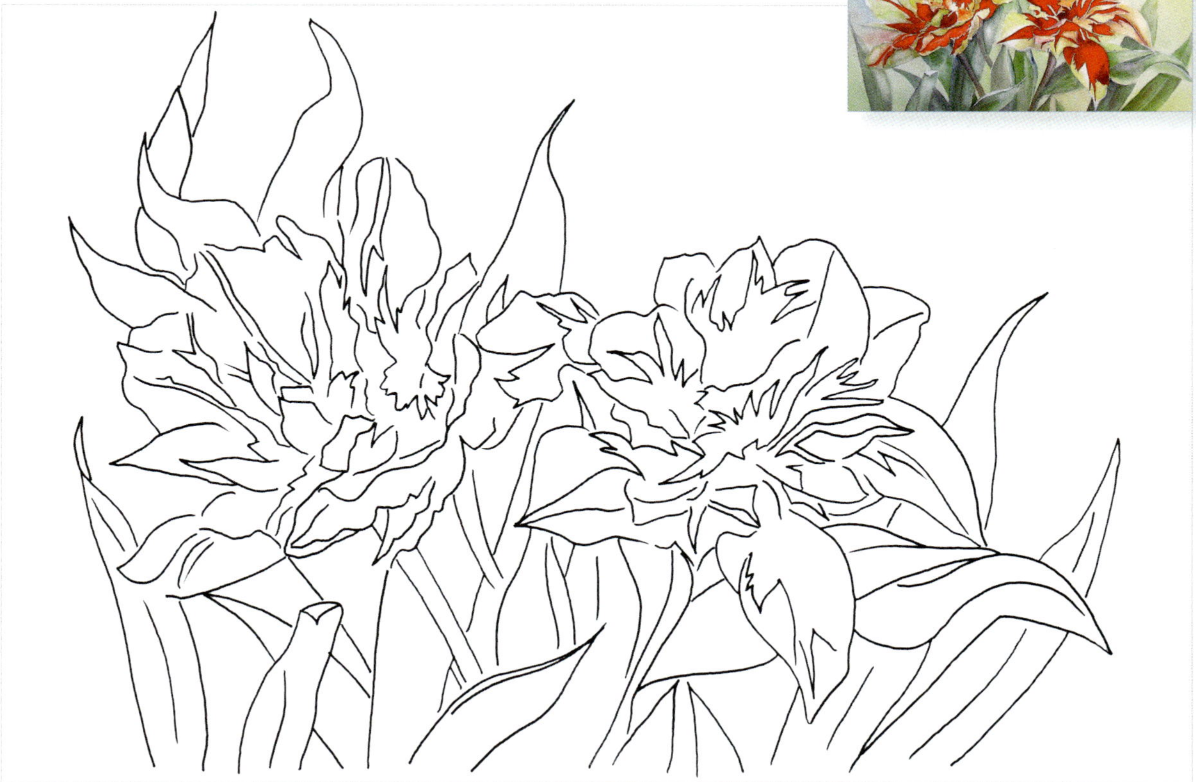

Parterre de pensées p. 34

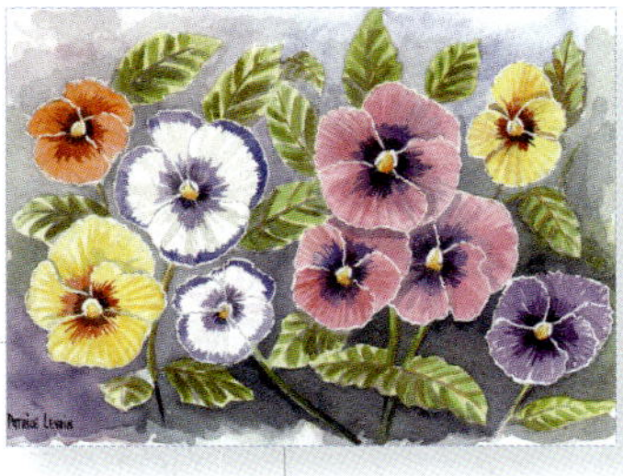

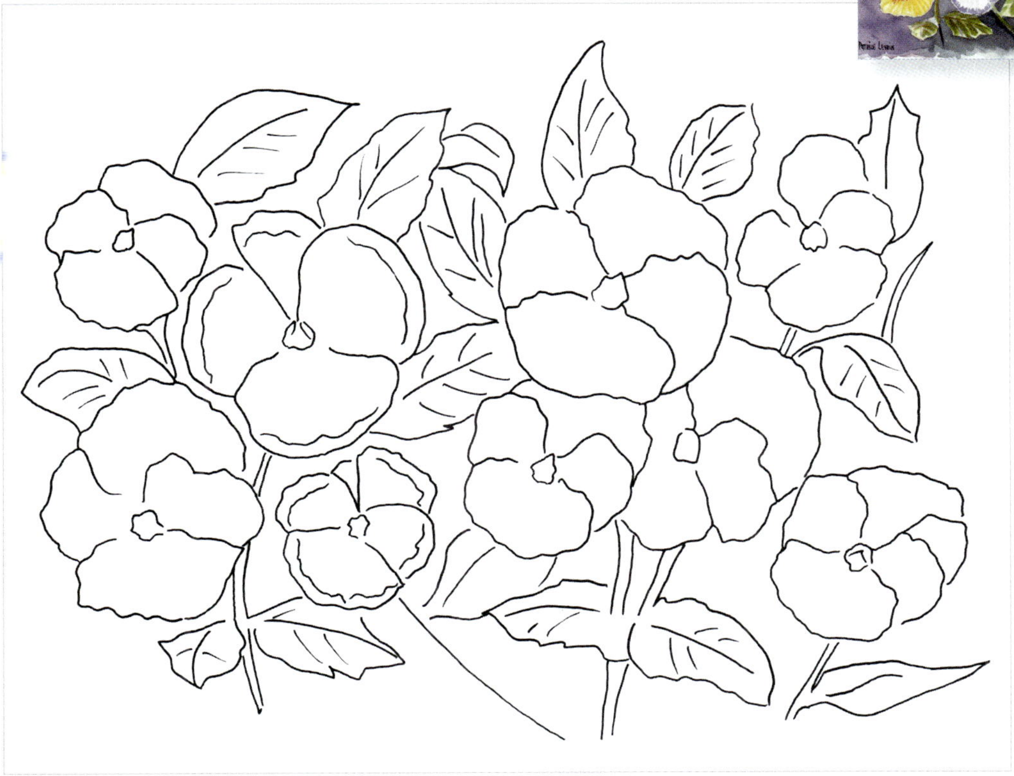

Pétunias bleus p. 36

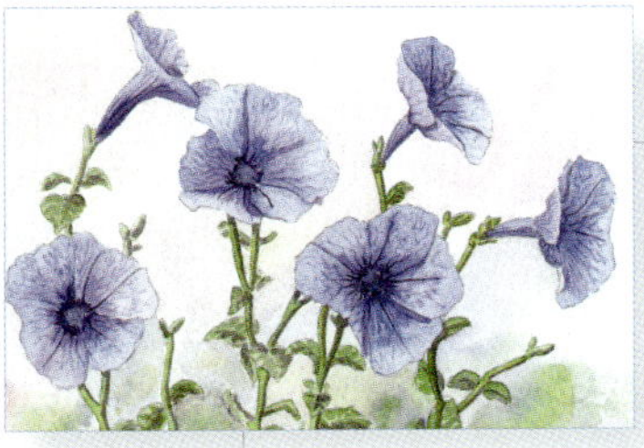

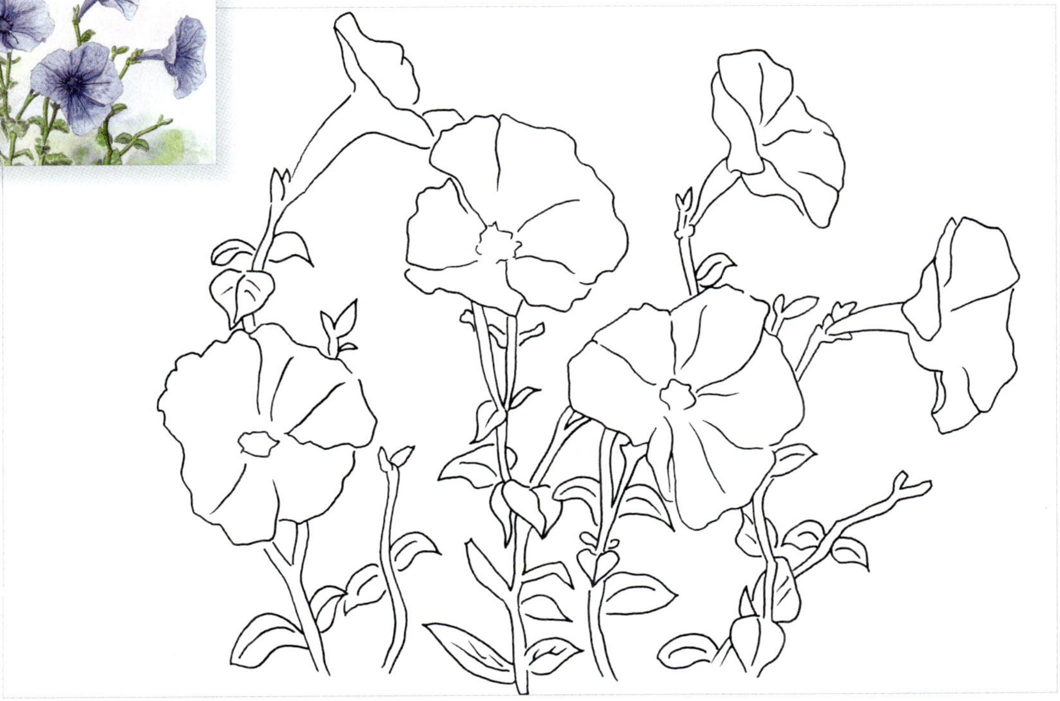

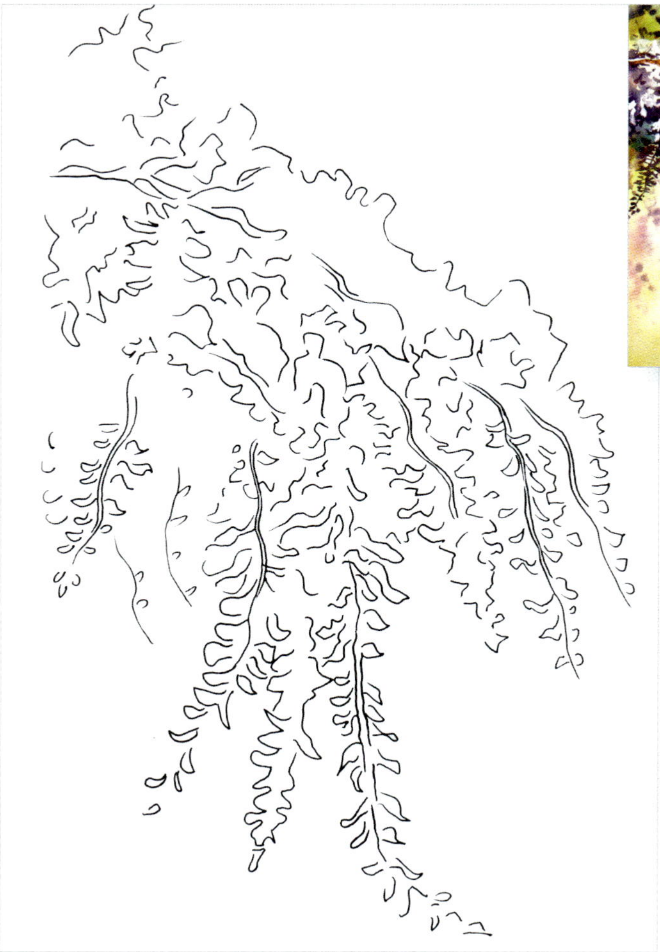

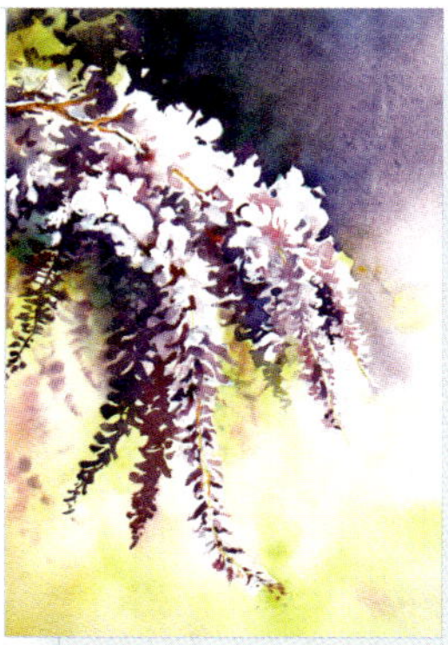

Grappes de glycine p. 38

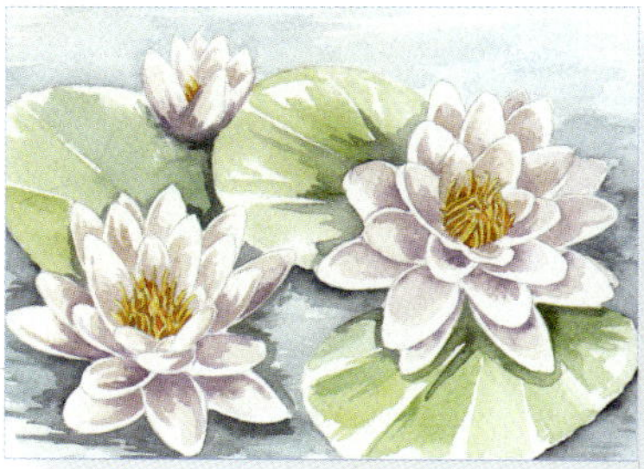

Nénuphars dans la mare p. 40

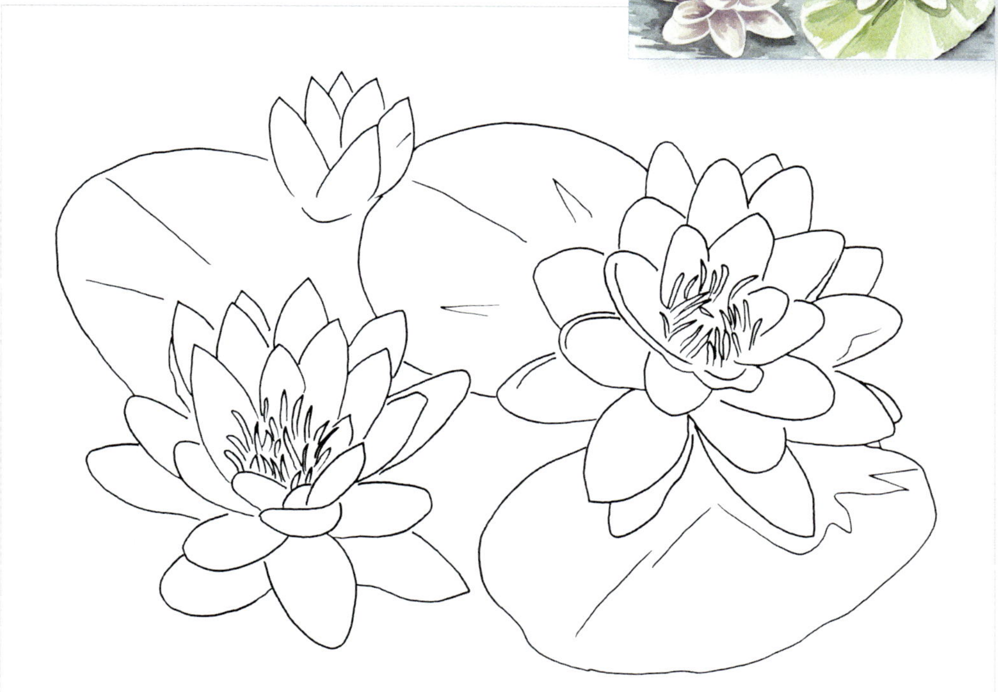